Jörg Götzfried

Bis zum letzten Penny

Kasseler Club- und Kneipengeschichten

Wartberg Verlag

Bildnachweis

S. 5 Stadtmagazin, S. 9, 10, 11, 47, 64 Jörg Götzfried, S. 12, 13, 14, 15 Helmut Henkel, S. 16, 17, 18 Sascha Lenz, S. 20 Tom Liebehenz, S. 22, 23, 25, 26 Carsten Bischoff, S. 27, 28, 29, 30 Gunther Schmidt, S. 31, 32, 33, 34 Frank Lust, S. 39 Rolf Both, S. 40, 41, 42, 43 Uwe Welsch, S. 44, 45, 74, 75 Michael Günzel, S. 48, 49 Wolfgang Korz, S. 52, 53, 54 Henry Jänsch, S. 55, 57, 58, 60, 61 Markus Knierim, S. 59 Dylan's Dream, S. 63, 64 Guiseppe Arcuri, S. 65, 66 oben/Mitte Postillion/Jens Goerner, S. 66, 67 Jörg Skolimowski, S. 68, 69 Gaststätte Uhrtürmchen, S. 70, 71, 72 Jochen Cramer, S. 73 links Philipp Schwarz, S. 76, 77, 78, 79 Will Bautzmann. Alle Zeichnungen von Jörg Götzfried.

Umschlagvorderseite: oben/unten rechts Carsten Bischoff, unten links oben Gunther Schmidt, unten links unten Tom Liebehenz

Umschlagrückseite: Gunther Schmidt

Wir danken allen Lizenzgebern für die freundliche Andruckgenehmigung. In Fällen, in denen es nicht gelang, Rechtsinhaber an Abbildungen zu ermitteln, bleiben Honoraransprüche gewahrt.

Dank

1000-mal Danke!

Für die Unterstützung, die ich bei diesem Projekt erfahren habe, möchte ich mich herzlich bedanken. Die netten Gespräche mit Wirten, Gästen und Zeitzeugen haben wesentlich zum Gelingen beigetragen.

Ein großer Dank geht an meine Frau Christine und Frau Dr. Daniela Belhadi für ihre große Unterstützung sowie die Arbeiten am Computer. Ebenfalls danken möchte ich Axel Netzband für Interview-Tipps und Kontaktherstellungen und allen, die mir gerne ihre Fotos aus der "handylosen Zeit" zur Verfügung gestellt haben.

1. Auflage 2024

Layout und Satz: Christiane Zay, Passau

Druck: Druck- und Verlagshaus Thiele & Schwarz GmbH, Kassel

Buchbinderische Verarbeitung: Buchbinderei S. R. Büge, Celle

34281 Gudensberg-Gleichen, Im Wiesental 1

Telefon: 0 56 03-9 30 50

www.wartberg-verlag.de

ISBN 978-3-8313-3701-9

Inhalt

Prolog

Jede Stadt hat ihre ganz eigene Kneipen- und Clubgeschichte. Kassel hatte als einzige Großstadt in der Mitte der Bundesrepublik schon immer ein großes Einzugsgebiet. Man reiste an zum Shoppen in der damals ersten autofreien Fußgängerzone landesweit und genoss das Nachtleben, denn Kassel wies die höchste Kneipendichte im Verhältnis zur Einwohnerzahl auf und landete damit auf dem zweiten Platz hinter Westberlin.

Schon in den 1960er-Jahren entstanden erste Clubs und Musikevents, wo Kasseler Beatbands Auftrittsmöglichkeiten hatten. Im Übergang zu den 1970ern explodierten förmlich die Musikstile. Von ABBA bis Zappa fand jeder die Musik, die seinem Lebensgefühl entsprach. Aber eines teilten alle seit Presley, Louis und Barry: raus aus dem Nachkriegsmief, rein in eine neue Zeit. Die Clubs und Kneipen waren der Ort, wo man Gleichgesinnte traf. Man hat ja nicht alles verstanden, was Stones, The Who, Beatles und Dylan sangen - da war der Englischunterricht nicht unbedingt erfolgreich gewesen. Aber man spürte doch, dass da ein Lebensgefühl ausgedrückt wurde, das dem eigenen entsprach und die Gesellschaft verändern sollte.

Vom „Aqua Pub“ (alkoholfrei) bis zur „Zur Standuhr“, oft die letzte Station der Nacht bis zum Morgen (da blieb die Zeit stehen), war das Angebot im Großraum Kassel äußerst vielfältig. Viele Clubs und Kneipen sind mittlerweile Geschichte, sind aber im kollektiven Gedächtnis Kassels haften geblieben. Auch die damit verbundenen Wirtinnen und Wirte, welche die Lokalszene gestaltet haben, gehören dazu.

Ende der 1990er-Jahre sprach man dann hessenweit vom Kneipensterben. Viele Lokale und Clubs schlossen für immer ihre Tore. Zu nennen wären das „Pul“ am Westring, das „Löwenburg Casino“, das „Stammheim“, das „Prigogine“ und das „Aufschwung Ost“, das „Hazienda“, später „Fiasko“, in der Schönfelderstraße, der „Kunstbunker“, später „Hippodrom“, danach das „Dejavu“ und das „Purple Haze“ sowie das „Yello“. In der zweiten Hälfte der 1980er-Jahre waren schon das „Spot“ in der Leipziger Straße, das „Filou“ an der Neuen Fahrt, das „Dajam“, ehemals „World“, in der Sandershäuser Straße und das „A.R.M.“ (Arbeitskreis rhythmisch begabter Menschen) in der Werner-Hilpert-Straße von der Bildfläche verschwunden.

Verschärfte Ordnungsamtsauflagen, abendliche Ruhezonen und allgemeine wirtschaftliche Bedingungen wurden als Gründe genannt. Dazu kam sicher auch das Ausgehverhalten der jüngeren Gäste, welches sich durch Internet geändert hatte. Früher ging man in sein Stammlokal und dort entschied sich, wie und wo es weiterging. Heute wird gezielter vorgeplant, zusammen „vorgeglüht“, sodass man unterwegs keine großen Ausgaben, was die alkoholischen Getränke betrifft, hat. Das alles und auch ein Generationswechsel unter den Wirtinnen und Wirten hatte Folgen. Und doch haben einige Lokalitäten überlebt und erfreuen sich seit über 40 Jahren ungebrochener Beliebtheit.

Dieses Buch kann nicht alle Geschichten der Clubs und Kneipen erzählen und mit Bildern dokumentieren. Und sicher wird es Stimmen geben, die sagen: „Das hätte aber unbedingt

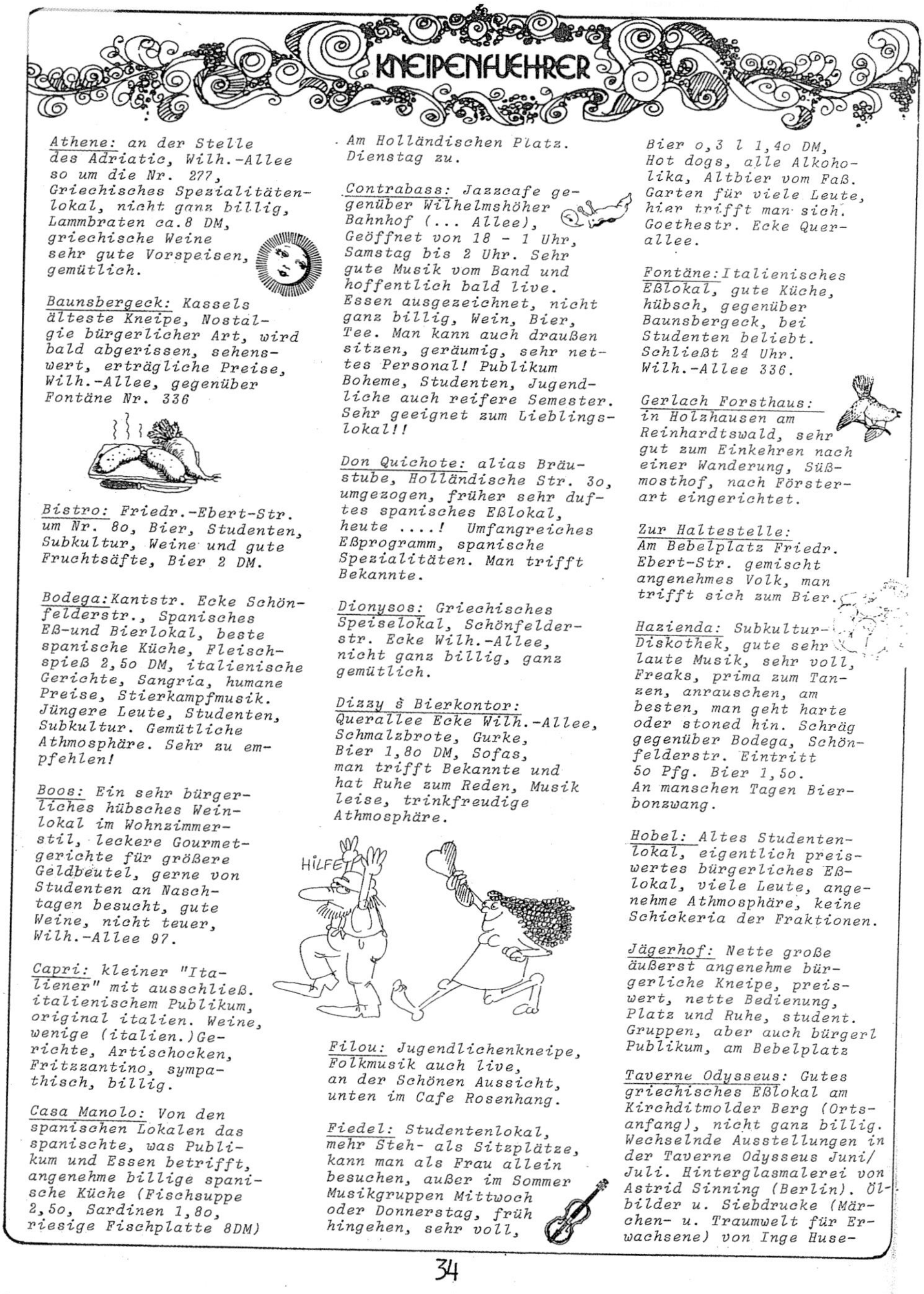

KNEIPENFUEHRER

Athene: an der Stelle des Adriatic, Wilh.-Allee so um die Nr. 277, Griechisches Spezialitätenlokal, nicht ganz billig, Lammbraten ca.8 DM, griechische Weine sehr gute Vorspeisen, gemütlich.

Baunsbergeck: Kassels älteste Kneipe, Nostalgie bürgerlicher Art, wird bald abgerissen, sehenswert, erträgliche Preise, Wilh.-Allee, gegenüber Fontäne Nr. 336

Bistro: Friedr.-Ebert-Str. um Nr. 8o, Bier, Studenten, Subkultur, Weine und gute Fruchtsäfte, Bier 2 DM.

Bodega: Kantstr. Ecke Schönfelderstr., Spanisches Eß-und Bierlokal, beste spanische Küche, Fleischspieß 2,5o DM, italienische Gerichte, Sangria, humane Preise, Stierkampfmusik. Jüngere Leute, Studenten, Subkultur. Gemütliche Athmosphäre. Sehr zu empfehlen!

Boos: Ein sehr bürgerliches hübsches Weinlokal im Wohnzimmerstil, leckere Gourmetgerichte für größere Geldbeutel, gerne von Studenten an Naschtagen besucht, gute Weine, nicht teuer, Wilh.-Allee 97.

Capri: kleiner "Italiener" mit ausschließ. italienischem Publikum, original italien. Weine, wenige (italien.)Gerichte, Artischocken, Fritzzantino, sympathisch, billig.

Casa Manolo: Von den spanischen Lokalen das spanischte, was Publikum und Essen betrifft, angenehme billige spanische Küche (Fischsuppe 2,5o, Sardinen 1,8o, riesige Fischplatte 8DM) Am Holländischen Platz. Dienstag zu.

Contrabass: Jazzcafe gegenüber Wilhelmshöher Bahnhof (... Allee), Geöffnet von 18 - 1 Uhr, Samstag bis 2 Uhr. Sehr gute Musik vom Band und hoffentlich bald live. Essen ausgezeichnet, nicht ganz billig, Wein, Bier, Tee. Man kann auch draußen sitzen, geräumig, sehr nettes Personal! Publikum Boheme, Studenten, Jugendliche auch reifere Semester. Sehr geeignet zum Lieblingslokal!!

Don Quichote: alias Bräustube, Holländische Str. 3o, umgezogen, früher sehr duftes spanisches Eßlokal, heute ....! Umfangreiches Eßprogramm, spanische Spezialitäten. Man trifft Bekannte.

Dionysos: Griechisches Speiselokal, Schönfelderstr. Ecke Wilh.-Allee, nicht ganz billig, ganz gemütlich.

Dizzy & Bierkontor: Querallee Ecke Wilh.-Allee, Schmalzbrote, Gurke, Bier 1,8o DM, Sofas, man trifft Bekannte und hat Ruhe zum Reden, Musik leise, trinkfreudige Athmosphäre.

HILFE

Filou: Jugendlichenkneipe, Folkmusik auch live, an der Schönen Aussicht, unten im Cafe Rosenhang.

Fiedel: Studentenlokal, mehr Steh- als Sitzplätze, kann man als Frau allein besuchen, außer im Sommer Musikgruppen Mittwoch oder Donnerstag, früh hingehen, sehr voll, Bier o,3 l 1,4o DM, Hot dogs, alle Alkoholika, Altbier vom Faß. Garten für viele Leute, hier trifft man sich. Goethestr. Ecke Querallee.

Fontäne: Italienisches Eßlokal, gute Küche, hübsch, gegenüber Baunsbergeck, bei Studenten beliebt. Schließt 24 Uhr. Wilh.-Allee 336.

Gerlach Forsthaus: in Holzhausen am Reinhardtswald, sehr gut zum Einkehren nach einer Wanderung, Süßmosthof, nach Försterart eingerichtet.

Zur Haltestelle: Am Bebelplatz Friedr. Ebert-Str. gemischt angenehmes Volk, man trifft sich zum Bier.

Hazienda: Subkultur-Diskothek, gute sehr laute Musik, sehr voll, Freaks, prima zum Tanzen, anrauschen, am besten, man geht harte oder stoned hin. Schräg gegenüber Bodega, Schönfelderstr. Eintritt 5o Pfg. Bier 1,5o. An manschen Tagen Bierbonzwang.

Hobel: Altes Studentenlokal, eigentlich preiswertes bürgerliches Eßlokal, viele Leute, angenehme Athmosphäre, keine Schickeria der Fraktionen.

Jägerhof: Nette große äußerst angenehme bürgerliche Kneipe, preiswert, nette Bedienung, Platz und Ruhe, student. Gruppen, aber auch bürgerl Publikum, am Bebelplatz

Taverne Odysseus: Gutes griechisches Eßlokal am Kirchditmolder Berg (Ortsanfang), nicht ganz billig. Wechselnde Ausstellungen in der Taverne Odysseus Juni/Juli. Hinterglasmalerei von Astrid Sinning (Berlin). Ölbilder u. Siebdrucke (Märchen- u. Traumwelt für Erwachsene) von Inge Huse-

34

Kneipenführer von 1972

mit dazugehört!“ Man möge mir verzeihen, dass ich eine Auswahl getroffen habe. In diesem Zusammenhang möchte ich anmerken, dass ich während der Recherche zu diesem Buch viele interessante Menschen mit den vielfältigsten Lebensläufen kennenlernen durfte. Ihre Biografien wären schon ein eigenes Buch wert.

Club 43 – Kassel, wie es früher war

Irgendwo in der Altstadt

Wenn ich mich richtig erinnere, war es in der letzten Oktoberwoche 1983. Es regnete und der Herbst kündigte sich an. Ich war auf dem Nachhauseweg Richtung Altmarkt. Es war sicher schon nach 22 Uhr. Mein Weg führte mich über den verlassenen Königsplatz. Die Geschäfte waren längst geschlossen. Rechts abgebogen und an der Martinskirche vorbei, führte mich der Weg entlang einer tristen Häuserzeile – Wiederaufbauarchitektur der 1960er-Jahre.

Ich war den Weg schon oft gegangen, hatte die Baulücke zwar wahrgenommen, ihr aber nie große Aufmerksamkeit geschenkt. Die Sandsteinfassade eines Bürgerhauses aus dem 19. Jahrhundert, zumindest was der Krieg davon übrig gelassen hatte, behauptet sich trotzig zwischen den Wohnhäusern. Übrig war eben nur die Front bis zum halben ersten Stockwerk. Die vier halben Fensterlöcher erinnerten mich an Burgzinnen. In der Mitte darunter das Eingangsportal, umrahmt von einem Sandsteinrelief und flankiert von zwei mit Brettern vernagelten Fensterlöchern. Die massive zweiflügelige Eichentür mit jeweils zwei schmiedeeisernen Scharnieren, welche sich in der Mitte verzweigten und über das ganze Türblatt erstreckten, stand einen Spaltbreit offen.

Meine Neugier war geweckt. Ich drückte den Flügel langsam nach innen auf, zwängte mich durch den Spalt nach innen und stand auf einer mit Büschen und beindicken Birken bewachsenen Fläche. Ein Trampelpfad führte gerade Richtung Innenhof. Hier musste wohl mal das Treppenhaus zu den Stockwerken gewesen sein. Die hintere Begrenzung des Hauses war nur zu erahnen. Ein paar Mauerreste links und rechts schauten nur knapp über das niedergeregnete Gras. Der Pfad führte über den verwilderten Innenhof zu einem kleinen Hinterhaus, das aus nur einer Etage und einem mit schwarzer Teerpappe gedeckte Dach bestand. Durch die Gardinen der drei Fenster drang ein fahles Licht und neben der Eingangstür leuchtete auf einer gebrochenen Glasscheibe eine aufgemalte „43". Bei näherem Hinsehen konnte man noch ein kleines „b" erkennen.

Es war still, nichts rührte sich, nur der Regen rauschte gleichmäßig auf das schwarze Dach. Ich ging zur Tür und schaute durch die kleinen, quadratischen, gelben Türscheiben ins Innere. Schräg hinten erkannte ich eine Theke und eine Gestalt. Ich nahm all meinen Mut zusammen und trat nach zögerlichem Klopfen ein. Mein „Guten Abend, ganz schön nasskalt da draußen!" wurde von keinem der fünf Gäste oder der Wirtin erwidert. Nur ein älterer Herr mit Schal und Hut nickte zustimmend, jedoch ohne mich eines Blickes zu würdigen. Ich setzte mich auf einen der drei hölzernen Bahrhocker und bestellte bei der Wirtin ein Bier. Nachdem sie ausführlich noch zwei Gläser poliert katte, schlurfte sie in ihrem dunkelblauen Kittel Richtung Kühlfach und stellte mir eine Flasche Herkules-Bier mit Keramikverschluss hin. Es gibt doch noch Biersorten in Kassel, die ich noch nicht kenne, wunderte ich mich. Auf meine Frage, ob ich ein Glas bekommen könnte, schaute sie etwas genervt auf die blitzeblanken Gläser und zog dann eins aus der hinteren Reihe für mich heraus. Die vordere Reihe hatte sie ja eben erst poliert, die hinteren wohl an einem anderen Abend, und die waren jetzt dran. Auf den Deckel schrieb sie 1,30 DM.

Erst jetzt bemerkte ich die Musik im Hintergrund und suchte vergeblich nach der Quelle. Das war doch Paul Kuhn, der da zur Klavierbegleitung sang. Ich sah mich weiter um und entdeckte an den Wänden sorgfältig mit schwarzen Rahmen hinter Glas bewahrte Fotos vom alten Kassel. Plätze, Paläste, Häuser, Denkmäler, Brunnen, belebte Straßenzüge

... eine seltsame Begegnung

und Aufmärsche mit Uniformen und jede Menge Fahnen. Ich erschrak fast, als die Wirtin plötzlich sagte: „Ja, so sah's hier mal aus, vor dem Krieg! Du bist wohl nicht von hier?" „Nein", antwortete ich, „bin von Berlin hierhergezogen." „Na, da sah's ja genauso aus wie bei uns", bemerkte der Herr mit Hut und Schal aus der Ecke. Und die zwei am anderen Tisch, die sich bisher leise tuschelnd unterhalten hatten meinten: „Ist nix mehr von übrig. Alles plattgemacht!" „Wenn du heute durch die Stadt läufst, erkennst du nichts mehr, wie's früher war", bemerkte der Herr am Fenster und legte sein Buch beiseite. Ich meinte, kurz ‚HESSE' auf dem Umschlag gelesen zu haben oder verdeckte sein Daumen nur das ‚N'? „Die Fachwerkhäuser in der Brüderstraße – alle weg", ergänzte er und der Herr mit Schiebermütze und Bart am Tisch neben dem Eingang sagte: „Da gab es die ‚Marstallschänke' und die ‚Bierbrauerei Schiebeler' und die ‚Martiniklause'", warf der Herr mit Schal ein. „Und sonntags gingen wir ins Konzert ‚Zum Stadtpark' an der Fünffensterstraße oder mit dem Dampfer Elsa die Fulle ruff und runter tuckern", fügte die Wirtin hinzu. „Im Sommer gingen wir mit Freunden zum Baden an den Fullestrand und unsere Eltern zum ‚Flussbad Sinning' an der Drahtbrücke. Herren und Damen streng katholisch getrennt!", zwinkerten sich die beiden Herren am Zweiertisch zu, „abends ging es dann ‚zum Lichtenhainer' in der Obersten Gasse. Alles weg und kommt nicht wieder." „Aber den Lichtenhainer gibt es immer noch", meinte der Herr mit Buch, „der ist nach dem Krieg in an den Karl-Marx-Patz gezogen."

Zu meinem Erstaunen hatte sich in kurzer Zeit ein Gespräch von Tisch zu Theke und Tisch entsponnen, wobei es ausschließlich um das untergegangene Kassel ging. Ich fühlte mich in eine andere Zeit versetzt. Die alten Fotos an den Wänden ließen keinen anderen Gedanken zu: Hier saßen Zeitzeugen einer vergangenen Epoche, wohl auch gefangen in ihren Erinnerungen mit den gleichen alten Bildern im Kopf, wie sie an den Wänden hingen. „Ich habe meine Kindheit in diesem Haus verbracht, da war noch ein halbes Stockwerk drauf", sagte die Wirtin, „meine Eltern waren Bedienstete der Beamten im Vorderhaus. Dann kam die Bombennacht und nichts war mehr da, nichts – keine Häuser, keine Nachbarn, kein Leben. Nach dem Krieg bin ich hiergeblieben. Ich hab' ein Zimmer hinter der Küche und verdiene mir hier was zur Hinterbliebenenrente dazu. Viel ist es nicht, aber so bin ich halt nicht allein."

Ich weiß nicht mehr, wie lange ich da war, aber sicher um einiges länger, als ich für das Bier brauchte. Ich gab der Wirtin 2 DM und verabschiedete mich. Aus dem Hintergrund klang immer noch Paulchen Kuhn, die Gäste fielen wieder in ihr Schweigen zurück und als ich schon in der Tür stand, fragte ich in die Stille: „Wann war denn diese Bombennacht?" „Am 22.10.43", antwortete der Herr mit dem Buch, ohne aufzuschauen. Etwas verwirrt trat ich ins Freie, es regnete immer noch. Ich ging durch den Hinterhof und zwängte mich durch das Tor und zog es, bis auf einen Spalt, wieder zu.

Auf dem Nachhauseweg kreisten meine Gedanken um das eben Erlebte und mir war klar, dass ich dieses geheimnisvolle Lokal noch mal aufsuchen musste. Doch jedes Mal, wenn ich an dieser alten Fassade vorbeikam, war das Tor verschlossen und keiner meiner Freunde und Bekannten, kannte den „Club 43".

Zum Lichtenhainer – Ein sehr lebendiges „Fossil“

Elfbuchenstraße 4

Im Jahre 1872 eröffnete Jean Hess das Lokal „Zum Lichtenhainer“ in der Obersten Gasse im Herzen der Altstadt. Namensgeber war das obergärige Bier aus Lichtenhain in der Nähe von Jena. Es wurde vom Fass zunächst in Steinkrüge gezapft, die mit Syphonkorken verschlossen wurden. Es gab jedes Mal einen lauten Knall, wenn ein Krug geöffnet wurde. Die Gäste sangen dazu „lasst die feurigen Bomben knallen, piff, paff, puff“. Schnell entstand die Begriffe „Wir gehen zum Schang (Jean)“ oder zum „Hand Schess“. Bei Studenten und Schülern hieß es einfach „Wir gehen zum Hang“. Als 1909 die Bierpreise von 12 auf 13 Pfennig angehoben wurden, kam es zum berühmten „Bierstreik“ in Kassel. Mit dem Schlachtruf „Mä suffens nit, mä suffens nit, mä suffens Gottverdammisch nit!“ Nur der „Lichtenhainer“ hielt am alten Preis fest und verschaffte dem „Hang“ besonderen Zulauf.

Stammgäste gab's ohnehin genug. Im Hinterzimmer trafen sich regelmäßig Schüler der nahen Militärschule, Staatsanwälte und Richter vom Justizpalast, dem heutigen Regierungspräsidium, Studenten und Pennäler und Tagelöhner. Artillerieoffiziere ritten schon mal vor den Eingang, um im Sattel ein kühles Lichtenhainer zu nehmen. Die Speisekarte bot kalte Rippchen, rohes Beefsteak-Gehacktes mit einem Ei in der Mitte und das Butterbrot mit Kochkäse – der schlug herrliche Blasen. Die Portion kostete 15 Pfennige, mit Brot und einem Schälchen Kümmel 22 Pfennig. Woche für Woche lieferte die Bäuerin Siebert aus Grossenritte 30 Pfund Kochkäse ins „Lichtenhainer“.

Viel Geschichte hinter alter Fassade

Nosferatu am Lichtenhainer

Jean Hess starb 1915. Von da an führte seine Frau Emilie das Lokal, ab 1938 Tochter Elfriede. Selbst als 1942 viele Gaststätten wegen des Krieges schließen mussten, blieb der „Lichtenhainer" geöffnet. Erst die Bomben des 23. Oktobers 1943 bereiteten ihm, wie der ganzen Altstadt, den Untergang.

Doch die Geschichte des „Lichtenhainers" ging weiter. Nur ein Jahr nach Kriegsende, am 1. April 1946, eröffnete der „neue alte Lichtenhainer" wieder seine Pforten. Die Innenstadt lag in Trümmern, und man fand im verschonten Vorderen Westen ein neues Zuhause. In der Parterrewohnung eines Bürgerhauses wurde das Lokal eingerichtet. Betreiberin war Frau Krause, der auch das Haus gehörte. Eine Küche gab es noch nicht. Es wurden Wecken und Soleier angeboten. Es trafen sich die „Alten Herren" von Kassel mit Zigarren zum Doppelkopf und Skat kloppen. Frau Krause führte ein harsches Regiment. Was sie sagte, war in ihrem „Reich" Gesetz. Ob Bürgermeister oder Pfarrer, wenn sie sagte „Jetzt ist Schluss", dann war das so. Irgendwann war sie plötzlich nicht mehr da. Keiner wusste etwas Genaues. Sie musste wohl verstorben sein, aber man hat nie erfahren wie und wann.

Danach kamen und gingen noch viele Pächter, bis 2015 das Ehepaar Franka und Jörg Siebert das „Lichtenhainer" übernahmen. Nach viermonatiger Sanierung wurde es schnell zum

Klassische Einrichtung mit Kassel-Radierungen

Fotos von Alt-Kassel

Stylischer Thekenraum

Der Schriftzug am Haus ist nach dem alten Vorbild angefertigt worden und war Grundvoraussetzung des Pachtvertrages. „Zum Lichtenhainer" musste es weiter heißen. Es gab auch die Ambition, das alte Kassel in die Räume zu tragen. In einem alten Bilderrahmenladen fand das Ehepaar Siebert einen immensen Schatz an alten Fotografien. Es wurden Repros erstellt, gerahmt und aufgehängt – seltene Fotos aus längst vergangener Zeit neben Radierungen von Kasseler Künstlern laden viele Gäste erst einmal zum Rundgang ein, bevor Platz genommen wird. Der „Lichtenhainer" war und bleibt nach über 150 Jahren eine gastronomische Institution in Kassel.

„Wohnzimmer des Vorderen Westens". Es werden mediterrane und regionale Gerichte angeboten – eine Gratwanderung am Anfang, aber der Erfolg blieb nicht lange aus. Das „Lichtenhainer" ist das einzige Restaurant in Kassel, welches zum Beispiel Weckewerk und Duckefett auf der Speisenkarte hat. Das sind alte Kasseler Gerichte und die Gäste lieben sie. „Aber auch die Pizzen sind beliebt und gehören zu den besten in Kassel", sagt Inhaber Jörg Siebert, „die Leute kommen aus Hofgeismar oder Baunatal, um sich eine Pizza mit nach Hause zu nehmen."

Auch das Gebäude selbst hat Geschichte. Ein Schild am Eingang erinnert an Friedrich Wilhelm Murnau, den Stummfilmregisseur, der mit Filmen wie „Nosferatu, eine Symphonie des Grauens", „Der letzte Mann" oder „Faust, eine deutsche Volkssage" Filmgeschichte schrieb. Er lebte dort von 1898 bis 1902. Eine noch heute erhaltene Steinmaske über den Fenstern vom „Lichtenhainer" war Inspiration zum Film „Nosferatu".

Von der Obersten Gasse zum Karl-Marx-Platz, vom 19. über das 20. ins 21. Jahrhundert – seine Geschichte macht den „Lichtenhainer" wohl einzigartig in Kassel.

Club 21 – Die erste Disco Deutschlands?

Friedrich-Ebert-Straße 61 A

Der Club 21 in Kassel war einst eine legendäre Diskothek und ein lebendiger Treffpunkt für Nachtschwärmer. Klaus Richter, der Besitzer, war ein Pionier der Event-Gastronomie in Nordhessen. Ob der „Club 21" die erste Disco Deutschlands oder gar der Welt war, wird bis heute diskutiert. Fest steht aber, dass er das Kasseler Nachtleben geprägt hat.

Klaus Richter begann seine Gastro-Karriere vor rund 60 Jahren. Dem Architekten und Kneipier fehlte in Kassel eine Begegnungsstätte für junge Leute. Und so legte er einfach selbst los. Das Vorbild des damals 26-jährigen Richter war der „Club 21" in New York. 1959 eröffnete er seinen ersten Club in den Kellerräumen des Autohauses Bierschenk am Friedrichsplatz. Der Laden brummte sofort und wurde zu einem beliebten Treffpunkt der jungen Leute in Kassel. Es wurde Rock 'n' Roll getanzt, geflirtet und manch ein Gast begegnete dort der Liebe seines Lebens.

Helmut an der Disco-Theke

Die außergewöhnliche Disco-Gerüstbühne zum 1. Stadtfest.

Do you remember?

Immer volle Besetzung

Klaus Richter (links) und Helmut Henkel

1966 zog er in die Friedrich-Ebert-Straße 34 um. Die neuen Räume waren viel größer und boten Platz für bis zu 200 Gäste. Die Musikrichtung wurde breiter und umfasste nun auch Soul, Funk und Pop.

DJ Helmut Henkel am Arbeitsplatz im Club21.

In den 1970er- und 1980er-Jahren war der „Club 21“ einer der bekanntesten Clubs in Deutschland, bekannt für innovative Musik, aufwändige Lichtshows und extravagante Partys. Zu den DJs, die hier auflegten, gehörten unter anderem Klaus Doldinger, Mousse T. und WestBam.

Das legendäre DJ-Team zum Karneval in den 1980er-Jahren.

Der „Club 21“ wurde im Januar 2002 geschlossen. Seit Juni 2002 befindet sich in denselben Räumlichkeiten der „Club 22“. Obwohl er nicht mehr existiert, bleibt der „Club 21“ ein Teil der Geschichte des Kasseler Nachtlebens, an den man sich gern erinnert.

Beim 1. Stadtfest Kassel, 1979: Alex Schotte, Klaus Richter, Helmut Henkel, Peter Liebehenz, Erik Richter.

Urgesteine und Legenden: Klaus Richter

Klaus Richter war Gründer der vermutlich ältesten Discothek Deutschlands. Das Gründungsjahr 1959 ist für den „Club 21“ belegt.

Richter kam als Flüchtling aus Schlesien 1946 mit seinen Eltern nach Kassel. Er machte eine Lehre zum Schaufensterdekorateur und stellte schon früh fest, dass es für junge Leute wie ihn keine Treffpunkte gab. Die Tanzcafés zu dieser Zeit kosteten Eintritt und die Musik war nicht das, was den Jugendlichen gefiel.

So nahm er die Sache selbst in die Hand und eröffnete 1959 den „Club 21“. Nur sieben Jahre später wurden die Räume am Friedrichsplatz wegen des großen Zuspruchs zu eng und er zog mit seinem Club in die Friedrich-Ebert-Straße. Das war der Starschuss für die dortige Kneipenmeile, denn in seinem Umfeld siedelten sich bald weitere Kneipen an.

Auch für die „Standuhr“ in der Fünffensterstraße zeichnete er ab 1965 verantwortlich, ebenso für viele Events, wie zum Beispiel das Straßenfest auf der Friedrich-Ebert-Straße. Beim Kasseläner Zissel agierte er gar als DJ. Er war Gastronom mit Leib und Seele, stand oft bis 6:00 Uhr morgens im Laden.

Richter war ein Mensch mit vielen Facetten: kreativ, sozial, abenteuerlustig und ehrgeizig. Er kannte keine Langeweile und hatte einen schwarzen Humor. Sein Glas war immer halb voll, nie halb leer. Er galt als Lebemann, legte aber auf Reichtum keinen Wert. Auch die politische Gesinnung seiner Gäste war ihm egal.

Nachdem er einen Nachfolger für den „Club 21“ gefunden hatte, zog er sich nach über 60 Jahren aus dem Gastro-Geschäft zurück.

Klaus Richter, Urgestein und Legende, starb 2021 im Alter von 86 Jahren und bleibt unvergessen in Kassels Gastronomie-Geschichte.

Klaus Richter im Gespräch

Hot Legs – Livemusik und Lagerfeuer

Friedrich-Ebert-Straße 66

Mittwoch 19:00 Uhr: Eine Stunde, bevor sich das „Hotti“ füllt, sitze ich mit Wirt Sascha Lenz an einem Tisch in der Ecke. Es ist noch ruhig. Im Nebenraum auf der kleinen Bühne trifft man Vorbereitungen, für den jeden Mittwoch stattfindenden Lagerfeuerabend. Das Lagerfeuer flackert auf einem großen Monitor neben der Bühne und zwei Musiker stellen die Mikros und den Sound für E- und Akustik-Gitarre ein. Vorne eine Cajon und hinten links ein Keyboard.

An der Kreidetafel steht schon, wer heute Abend auftritt: sechs Beiträge, jeder Slot eine halbe bis dreiviertel Stunde lang. Zwei bis drei Stammmusiker begleiten die auftretenden Akteure. Thomas „Stolle“ Stolkmann, Kasseler Gitarren-Urgestein, Roland Oumard (Keyboard) und Sascha Lenz (Schlagzeug) sind fast immer dabei. Sie spielen Songs aus allen Jahrzehnten von Neil Young bis Visage.

Aber noch ist es ruhig und Sascha beginnt zu erzählen: „Es war 1984, als Tom Liebehenz das erste ‚Hot Legs‘, vormals ‚Baracca‘, eröffnete. Schon zwei Jahre zuvor hatte das ‚Bohemia‘ nebenan im modernen 80er-Jahre-Style aufgemacht.

Tom wollte einen Laden mit richtiger Rockmusik. So führte er das ‚Hot Legs‘ dann 17 Jahre lang. Danach gab es kurze Wechsel, und ich übernahm 2005. Nächstes Jahr feiere ich, man glaubt es kaum, mein 20-jähriges Jubiläum.

Als 2007 das Nichtraucherschutzgesetz kam, waren wir alle am ‚Schwimmen‘ – eine Kneipe ohne Rauchen ist doch wie Bier ohne Schaum, so dachte man. Ich überlegte schon zu schließen, da wurde die Kneipe nebenan frei und ich habe sie kurzentschlossen übernommen.

Das „Hotti“ nach der Erweiterung …

Es wurde umgebaut, sodass eine Tür die beiden Räume verband und ein Raucher- sowie ein Nichtraucherraum entstand. Der Betrieb hat sich dann ganz langsam wieder gefangen und ab 2009 ging es dann stetig bergauf.

2015 gab es wieder einen Umbau: Der neue Raum wurde zum Hauptgastraum und das alte ‚Hot Legs' wurde Raucherraum. Bands spielten oft auf der schmalen Bühne und ein Gitarrist (Michael Deeg) kletterte draußen auf eine Laterne und spielte, schon mit Funktechnik, von oben ein Solo. Es ging halt immer hoch her, immer auf den Tischen, immer auf der Theke und das Schönste an dem ‚Laden' war bisher, dass es immer friedlich zuging. In den 20 Jahren gab es eine kurze Auseinandersetzung, vielleicht mal ein kurzes Geschubse und das war es dann schon. Dass es hier so friedlich zugeht, ist für mich ganz wichtig. Egal wie du aussiehst, egal was du anhast oder welche Hautfarbe du hast, du kannst reinkommen und wirst akzeptiert! Das ist so ein Kleinod hier, wo sich jeder wohlfühlen darf.

Die Lagerfeuerabende habe ich auch schon 2005 ins Leben gerufen. Mein Vorgänger hatte nur am Wochenende auf, und so dachte ich mir, du zahlst den ganzen Monat Miete, mach was in der Woche! Jeden Tag zu öffnen hat nicht funktioniert. Und so entstand der Lagerfeuerabend am Mittwoch, am Anfang im kleinen Raum. Ich habe auch selbst Musik gemacht, saß auf der Bühne und wenn jemand etwas bestellen wollte, bin ich an die Theke gelaufen und habe erst mal bedient, denn ich war alleine – Unterhaltung und Service in einer Person. Manchmal waren auch nur drei oder vier Leute da. Zwei Mädels waren meine Fans und immer dabei.

Mit der Zeit kamen immer mehr, darunter auch öfter Musiker. Ich zog in den größeren Raum und baute eine Bühne ein, kaufte eine Gesangsanlage und stellte weiteres Personal ein. So bildete sich eine kleine Musik-Community mit Hans Dinant, Stolle und einigen anderen. Wir waren wie eine kleine Familie, und so ist es bis heute geblieben. Ja, das ist der Stempel, den ich dem Laden aufdrücken

... und vor der Erweiterung

Pool-Party

... und der Laden kocht

Animateure in Aktion

Biertropfenfängerkonfetti

Die „hot legs“, ... den Rest hat noch niemand gesehen.

Die Qual der Wahl

Heiße Köpfe im Hot Legs

konnte, auch mit Sonderveranstaltungen wie 70er-Jahre-Kostümpartys außerhalb der Faschingszeit – da waren die Leute alle ‚freigedreht‘. Ja so war’s und so ist es!“

Als ich gehe, hat sich der Bühnenraum schon gut gefüllt. Eine junge Frau mit Akustikgitarre betritt die Bühne, der Lagerfeuerabend beginnt. Nächsten Mittwoch komme ich als Gast wieder, versprochen!

Urgesteine und Legenden: Tom Liebehenz

Ich treffe Tom Liebehenz, um ihn zu seinen Anfängen in der Kasseler Gastro-Szene zu befragen. Tom erzählt: „Es war Ende der Siebzigerjahre, als Frank Rusteberg das Lokal ‚Truthahn' Nähe der Hessenschanze hatte. Es hatte sich rumgesprochen, dass hier ‚unsere' Musik gespielt wurde. Also war das der Ort unserer Sehnsucht. Ich bin in Altenbauna groß geworden und ohne Auto kam man da ja nicht hin. Mit Bus und Straßenbahnen war das eine Weltreise. Dann hatte ich 1978 den Führerschein und der Weg war frei.

Es gab zwar schon unten in der Stadt ‚Henry's Bar', das war auch so eine Größe in Kassel, wo Frank Rusteberg auch schon gearbeitet hatte. Das war so das ‚Urvieh', was die Kneipen betraf. Da oben an der Hessenschanze hätte keiner eine Kneipe aufgemacht. Frank hat das ehemalige Café übernommen. Da verkehrten die schönsten Frauen von Kassel und wir mussten einfach hin.

Ich habe ja bei VW gelernt, war auch freigestellter Jugendvertreter, habe dann aber gekündigt und hatte ein Jahr lang ein ganz gutes Arbeitslosengeld. Tja, und dann musste ich was machen!

Ich war damals mit Norbert Unger befreundet, hatte in der Zeitung eine Anzeige gefunden und sagte zu Norbert: ‚Komm, wir haben einen Termin mit einer Getränkefirma!' Ich dachte: ‚Es wird doch nicht das ‚Treff 66' sein!', so hieß das ‚HOT LEGS' vorher. Und es war wirklich das ‚Treff 66', welches zur Verpachtung stand.

Der Getränkeboss fragte dann: ‚Was wollt Ihr denn machen?' Und wir antworteten: ‚Laute Musik und feiern.' Der Seniorchef war offensichtlich nicht so begeistert von dem Plan, aber sein Sohn hatte uns verstanden und durch seinen Einfluss hatten wir dann einen Vertrag.

Bei der Vertragsbrauerei wurde eine Hypothek aufgenommen, wodurch wir sehr gebunden waren, was Abnahmekapazitäten betraf. Wir waren halt jung und hatten keine Ahnung von dem Geschäft.

Als die Umbauzeit begann, wussten wir immer noch nicht ganz genau, was das werden sollte. Ein paar Meter weiter gab es schon das ‚Bohemia' und es war auch gut, dass es so einen Laden gab. Wir wollten es aber anders machen.

Bei SOUND77 wurden Boxen gekauft, dann stellten wir aber fest, dass die HiFi-Boxen völlig unterdimensioniert für unseren Lautstärkeanspruch waren. Freund Axel meinte: ‚Lass uns was Richtiges machen!' und schaffte uns eine PA-Anlage an. Die war nicht kaputt zu kriegen. Wir wollten ja laute Musik machen und eine Partyline schaffen. So entstand das

‚Hot Legs'. Die große schwarz-weiße Fotowand mit Hunderten kleiner Bilder, die ich geklebt habe, ist heute noch da.

Es war ja damals so: Wenn du jemanden kennenlernen wolltest, musstest du rausgehen. Heute gehst du ins Internet und schaust erst mal. Die Mädels und Jungs kamen alle zu uns, das war unser Hauptgeschäft. Wir standen damals sogar im ‚Playboy' als bester ‚Baggerladen' in Kassel .... und ich war der ‚Baggerführer'", lacht Tom, „nein, wir waren ja zu zweit und der Norbert war ein sehr attraktiver Mann. Ich war zwar auch nicht so unangesagt, aber er war natürlich der Hübschere. Ich war die ‚Partyrakete' und stand auf der Theke. Jeder bekam zwei Schnäpse und dann ging die Sause los.

Was die Einrichtung betraf, war ich immer sehr minimalistisch. Andere haben geschmückt und dekoriert mit Licht und gedruckten Karten, ich habe das Getränkeangebot mit Edding auf Holzkästen geschrieben, war immer für unkonventionelle Lösungen. Klar waren da auch ‚Schnapsideen' dabei.

Buchhalterisch ging es ziemlich chaotisch zu. Da wurde halt der Verzehr auf einen großen Block geschrieben und oft grob abgerechnet, abwechselnd zu unseren Gunsten oder zugunsten der Gäste. Irgendwie hat es sich immer ausgeglichen!

Es wurde mit Sektflaschen gespritzt! ‚Prinz von Homburg' war billig und so süß – kannst du heute keinem mehr anbieten. Die Flasche wurde für 10 DM verkauft und es ging zu wie bei der Siegerehrung der Formel 1. Mädels

Tom einst ...

... Tom jetzt

tanzten barbusig auf der Theke und der Türsteher passte nur auf, dass es nicht so übervoll wurde, damit mein Servicepersonal noch durchkam.

Die Toiletten waren immer besetzt. Wir Männer gingen meistens zu ‚Dr. Kalinka', einer Arztpraxis um die Ecke, vor der ein Baum stand ... Tja, wir waren zwar 'ne ruppige Kneipe, aber wir hatten immer die zartesten Schaumkronen auf dem Bier.

Das ging bis 2001, da kam der 11. September in New York. Das ‚Hot Legs' war eher ein Winterlokal. Im Sommer gingen die Leute eher in die Biergärten. Nach dem 11.09. ging die Gästezahl jedenfalls zurück, warum auch immer! Ich habe auch noch beim Stadtfest 2001 mitgewirkt, was völlig in die Hose ging. Schließlich hatte ich Mietrückstände von drei Monaten und habe das ‚Hot Legs' verkauft, um die Forderungen zu befriedigen.

Danach betrieb ich noch ein Jahr das ‚Dolce Vita' in der Wilhelmshöhe, was eigentlich gut gelaufen ist. Aber dann kam die Documenta und die Leute sind runter in die Stadt gegangen. So wurde dann auch da die Luft dünn, und ich habe ganz aufgehört.

Die nächsten 14 Jahre habe ich für die Firma Eisenbach Tresore ausgeliefert. Da ich nicht mehr in der Szene aktiv war, kamen Gerüchte auf, ich sei im Knast oder hätte mich zu Tode gesoffen. Aber nach zwei bis drei Jahren, als die Leute erfahren hatten, dass ich normal arbeitete, wurde ich plötzlich zur Legende. Dafür kann ich mir zwar nichts kaufen, aber es war von Vorteil, als ich den Biergarten an der Fulda aufgemacht habe. Viele erkannten mich wieder und kamen. Das war 2019. Die beste Freundin meiner Frau, mit der ich das heute mache, sagte mir, sie hätte den Biergarten, den sie lange betrieben hat, gekündigt. Ich sagte spontan: ‚Ich übernehme ihn.'

Das war alles ‚Bullerbü rustikal': bunte Hütten, aber der Betrieb lief schon damals gut. Man kann sich aber nie sicher sein, dass es läuft. Ich habe zu Ostern 2019 aufgemacht, und es war unfassbar. Es kamen Hunderte von Leuten, auch viele, die neugierig darauf waren, was der Tom jetzt macht. Der Bierverleger Kuhn musste nach dem ersten Tag noch mal eine große Lieferung bringen.

So ganz weg war ich nie aus der Kneipenszene, habe immer mal Oldschool-Partys gemacht in der Galerie ‚Loyal', war mal im Bohemia dabei, das ‚TUTU' im Rathaus hatte ich den 1990ern auch eine Weile, das ‚Stilbruch' in der Germaniastraße, das ‚Schindelhaus' habe ich als Restaurant ausgebaut, das ‚SAMs' am Rathaus war eine Cocktailbar (1988 oder so) – aber das alles waren nicht wirklich meine Läden! Ach ja, das Treibhaus hatte ich auch mal. Es war teilweise auch Schwachsinn, was ich für Geld verbraten habe für so Sachen, wo mein Herz nicht dabei war.

Der Biergarten ist ‚inflationsunabhängig'. Da ist die Welt in Ordnung, da werden die Leute auch nie sparen, das geht immer. Du bist natürlich wetterabhängig. Ich bin ein halbes Jahr da und das muss für das ganze Jahr reichen. Aber ich habe halt keine großen Ansprüche, arbeite den Sommer lang an der frischen Luft, die Gäste sind entspannt. Und wenn ich Lust habe, habe ich an den fünf Versorgungshütten immer was zu bauen.

Was will Tom mehr!"

Joe's Garage – Auf der Partymeile

Friedrich-Ebert-Straße 80

Die Räume des heutigen „Joe's Garage" hatten schon vor der Eröffnung eine bewegte Vergangenheit. Von einem Autoverleih in den 1960er-Jahren zu „Schnatters Pub" in den 1970ern. Es folgten das „Café Floh", danach das „Eckstein", das „Front" bis zum „Fort Knox", wo innen alles in Gold erstrahlte.

Im Dezember 1991 eröffneten Michael Deeg und Carsten Bischoff dann „Joe's Garage". Nach fünf Jahren trennten sich ihre Wege und anstelle von Deeg kam Dirk van der Werft als Partner dazu.

Carsten erzählt: „Pate für das ‚JG' stand eigentlich das nur 50 Meter entfernte ‚Hot Legs' (genannt ‚Hotti'). Ein knapp 50 Quadratmeter großer Raum mit Theke und ein paar Stehtischen in einem barackenartigen Nachkriegsbau mit sichtbarem Deckenbalken. Der Laden war immer rappelvoll und gute Rockmusik überdröhnte jedes Gespräch. Das fand eher vor der Tür statt. So einen Laden wollten wir auch machen und nicht viel später wurden die Räume des ‚Fort Knox' frei und wir begannen mit dem Ausbau.

Der Name stand fest: ‚Joe's Garage'! Im amerikanischen Stil der 1960er-Jahre entstand die Inneneinrichtung: Holzpodeste, auf denen ein

Bis heute ein gewohntes Bild

Dirk van der Werf, Servicekraft Yesim, Rainer Langhans und Carsten Bischoff nach einer Lesung

original Chevy Cabrio mit eingebauter Sitzgruppe. Auf der anderen Seite ragte der hintere Teil eines amerikanischen Pick-Up aus der Wand. Überdimensionale Schraubenschlüssel hingen an der Decke und ein Gemälde mit einer amerikanischen Tankstelle, fotorealistisch gemalt von Lutz Thiel, schmückte die Wand. Thiel gestaltete auch die Theke mit den darüber hängenden Imitationen großer, rostig bemalter H-Träger. Rote Kunstlederpolster machten den ‚60er-Ami-Style' perfekt.

Wir hatten Lautsprecherboxen, die gleichen wie im Hot Legs, installiert. Dann hat das „Hotti" mit besseren Boxen aufgerüstet und wir zogen nach, um auch den optimalen Sound zu haben. Es war keine Konkurrenz, man war befreundet und jeder hatte so seine Stammgäste. Vor dem ‚JG' standen meist viele Motorräder, die Musik war Rock von den Rolling Stones bis Deep Purple und das ‚Hot Legs' eher ‚funky' ausgerichtet.

Am Wochenende bildete sich draußen eine Menschentraube, innen war es sowieso immer voll, vom ‚Hot Legs' bis zu ‚Joe's Garage'. So gab es natürlich auch öfter Probleme mit den Anwohnern. Es war bei einer Fußball-WM in den 1990er-Jahren. Während eines Spiels waren jede Menge Leute drinnen und draußen und auch nach dem Spiel wurde noch gefeiert und diskutiert. Zur Sperrstunde um zwei Uhr hatte sich die Gruppe größtenteils schon aufgelöst und nur einige Gäste standen noch draußen, um ihre Drinks auszutrinken. Plötzlich kam die Polizei mit einer Hundertschaft und bildete einen Ring um die Gäste, um die späte Versammlung aufzulösen. Keiner hat den großen Polizeiaufstand verstanden, aber heute noch spricht man in Insiderkreisen vom ‚Kasseler Meilenkessel'."

„Ach", erinnert sich Carsten, „da war die Fußball-EM '96, als Deutschland in der Verlängerung durch das erste ‚Golden Goal' von Oliver Bierhoff Europameister wurde. Am Nachmittag vor dem Spiel meinte ein Mitarbeiter, bei dem zu erwartenden Andrang sollten wir doch mal 200 Bierbecher besorgen. Eine gute Entscheidung! Als dann Bierhoff das Siegertor geschossen hatte, kamen wir mit dem Zapfen kaum hinterher. Es gab damals noch wenig Flaschenbier und wir hatten nur zwei Zapfhähne, wobei einer nur sehr langsam lief – die totale Katastrophe! Stammgäste halfen zapfen und ich hatte keine Zeit, mich um die Musik zu kümmern. Zur EM hatte Stefan Raab den Song ‚Bördi, Bördi Vogts' herausgebracht und der lief dann eine geschlagene Stunde in Endlosschleife. Keinen hat es in dem Feiertaumel gestört, alle sangen mit."

Dirk van der Werf und Carsten Bischoff verabschieden sich von ihren Gästen:

Time to say goodbye!

Liebe Freunde und Weggefährten, liebe Geschäftspartner!

Wer hätte bei der Eröffnung im Dezember 1991 gedacht, dass das kleine Rock-Café in der Friedrich-Ebert-Straße mehr als 30 Jahre später immer noch für Furore sorgt?

Drei Jahrzehnte Joe's Garage, das bedeutet unzählige fantastische Partys und schöne Erinnerungen! Generationen, die gute Zeiten bei uns verbrachten, Freundschaften und Lebenspartnerschaften, die bei uns entstanden sind.

Doch alles im Leben hat seine Zeit ... Wir haben uns entschlossen, uns zurückzuziehen, gönnt uns ein wenig Ruhe!

Wir wollen aber, dass unser Lebenswerk erhalten bleibt und haben deshalb beschlossen, unser „Baby" in gute Hände abzugeben! Der Name „Joe's Garage" wird erhalten bleiben und das altbekannte Spitzen-Team wird auch weiterhin für schnellen und freundlichen Top-Service sorgen. Mit Sladjan „Sladi" Tutnjevic, der vielen aus seinem „Café Kraftstoff" in Immenhausen und dem „Kulturzelt" in Kassel bekannt ist und mit dem wir viele Jahre das Stadtfest in der Wilhelmstraße veranstaltet haben, konnten wir einen würdigen Nachfolger finden.

Wir übergeben zum 01.04.2023 das Ruder an Sladi. Bitte unterstützt ihn so, wie ihr das bei uns in all den Jahren getan habt! Wir wünschen ihm alles erdenklich Gute und werden das Ganze zukünftig aus anderer Perspektive verfolgen!

Wir bedanken uns für die vertrauensvolle Zusammenarbeit, die guten geschäftlichen Beziehungen, die entstandenen Freundschaften, die unzähligen tollen Partys und die herrliche Zeit, die wir haben durften.

Besonderer Dank geht an unser fantastisches Personal in 30 Jahren Joe's Garage!

Wir verabschieden uns dankbar und glücklich, es war uns eine Ehre!

Home of Bikers

... Zwangsernährung

Fake-/KE-Gitarrist Frank Kremer als Angus Young (AC/DC)

Draußen war kein Parkplatz mehr frei!

Rudolf Schenker von den Scorpions

„inside out“ im Joe’s

Grillen und Chillen auf dem Bürgersteig

Michael Deeg und Carsten Bischoff, die Wirte der ersten Stunde

Bis heute veranstaltet das „JG“ Livemusik und Lesungen. Schon Reiner Langhans und Rudolf Schenker von den Scorpions lasen aus ihren Biografien ... und zu Fasching ist die Hölle los.

Nach 32 Jahren gaben im März 2023 van der Werf und Carsten Bischoff die Fackel in der Friedrich-Ebert-Straße an ihre Nachfolger weiter!

Die Generation hat gewechselt, doch geht man heute zum Kaffee ab 11:00 Uhr ins „JG“, trifft man viele „Veteranen“ und „Nachtfalken“ – Stammgäste von damals. Nur die Tageszeiten haben sich altersgemäß geändert. Und kommt man mit dem einen oder anderen ins Gespräch, erfährt man viel über die 1980er- und 1990er-Jahre auf der Kasseler Partymeile, ... but the nightlife auf der Meile still goes on!

Bohemia – Von der Yuppie-Kneipe zum Dauerbrenner

Friedrich-Ebert-Straße 60

Das „Bohemia" war eine der ersten Kneipen in Kassel, die den aufkommenden Yuppie-Style widerspiegelten. Nach den Hippies und der alternativen Bewegung kam das Jahrzehnt der Yuppies. Der Begriff kam aus Großbritannien und den USA und bedeute „young urban professionals", also junge, erfolgreiche Großstädter. Diese Zeit brachte eine große Zahl erfolgreicher Geschäftsleute hervor. Der Boom der IT und später der New Economy der 1990er-Jahre folgte.

Das Bohemia reihte sich in die Kneipenzeile der Friedrich-Ebert-Straße neben dem „Hot Legs", „Schnatter's Pub" und „Club 21" am Anfang etwas fremdartig ein. Da tobte nebenan der Rock und Rhythm and Blues und gegenüber der Disco-Sound. Der Innenraum mit seinen pinken Polstern war ebenso cool gestylt wie die jungen Gäste, denen man schon auf der Straße ansehen konnte, wohin sie wollten.

Nach über 40 Jahren sind die pinken Polster einem hellen Beige gewichen, aber sonst ist alles beim Alten geblieben: Die Säulentische vor der langen Sitzbank und davor die schlanken Barhocker lassen viel Platz für den Andrang am Abend. Ein Generationenwechsel hat stattgefunden, aber das Bohemia hat überdauert.

Es war im Herbst 2021, da sprach mich mittags vor den „Bohemia" ein Herr an und meinte ich sei doch der, der vor 40 Jahren einen Kneipenkalender, worin auch das „Bohemia" gezeichnet war, herausgebracht habe. Auf dem Bild sei er, der Wirt Gunther Schmidt, hinter der Theke mit einem blauen Auge zu sehen. Das habe er bei Auseinandersetzung mit der Polizei kassiert und fand es sehr lustig, dass ich dieses Detail festgehalten hatte. Im kommenden Jahr sollte das 40-jährige Jubiläum des Bohemia begangen werden und besagte Zeichnung sollte die Einladungskarte schmücken. Aus der Jubiläumsfeier ist dann wegen der Coronapandemie leider nichts geworden.

Aber wie hatte vor 40 Jahren eigentlich alles angefangen? „Als ich aus den USA zurückkam, wollte ich zuerst eine Western-Bar aufmachen", erzählt Gunther Schmidt, „aber Freunde rieten mir, nicht zurück, sondern nach vorne zu schauen. Ich sei ja Schreiner und sollte mal Skizzen machen und das selbst

Man zeigt, was man hat vor dem „Bohemia“ und „Schnatters Pub“ (heute: Joe’s Garage).

bauen. Da ich mal ein Praktikum bei Thonet gemacht hatte, waren für mich Thonet-Stühle die Nummer eins. Dazu Tische aus Gusseisen mit maßgefertigten Tischplatten aus Marmor.

Die Idee für die pinken Lederpolster hatte ich aus den USA mitgebracht. Das Wichtigste aber war die Kaffeemaschine – eine zweigruppige ‚Astoria‘, die damals schon viel Geld gekostet hat und schon während des Ausbaus lief. Gegenüber war der ‚Club 21‘ und ab und zu kamen mal Neugierige, um zu sehen was da passiert, und waren völlig platt, als sie auf der Baustelle einen Kaffee von der grell pink leuchtenden ‚Astoria‘ bekamen.

Nachdem wir eröffnet hatten, mit Brauereichefs und allem Drum und Dran, war am nächsten Abend der Laden leer. Meine Jungs, die mir beim Ausbau geholfen hatten, sind mit Groschen zu den Telefonzellen und haben ihre Freunde angerufen. Sie sollen doch mal in den neuen Laden kommen, da steigt eine kleine Eröffnungsfete. Um 23:00 Uhr war der Laden dann so voll, dass die Gäste aus der Nachbarkneipe neugierig wurden und ebenfalls rüberkamen.

Einer meiner ersten Stammgäste war Emin Boztepe, der Bodybuilder und Wing-Tsun Kämpfer, der heute in L.A. lebt. Der hat meiner Tagesservicekraft Rita, einer älteren Dame, die Kisten aus dem Keller hochgetragen. Der kam nachmittags, um Zeitung zu lesen, denn bei mir lagen amerikanische Zeitungen wie ‚Interview‘ und andere englischsprachige Magazine, die es sonst nicht gab.

Ja, und es gab im ‚Bohemia‘ die erste Latte Macchiato. Das hieß damals ‚Espresso-Milch‘. ‚Latte‘ kannte noch keiner, nicht einmal die Ita-

Bis heute dem Style der 1980er treu

Denk-(und frag-)würdige Spray-Aktion an Beuys-Steinen auf dem Friedrichs-Platz, 1982

liener. Und es gab den Espresso mit einer Kugel Vanilleeis. Die hatte Jean Paul Sanetti gemacht, der auch mal im ‚Bohemia' Spaghetti für die Gäste gekocht hat, damit sie abends richtig Party machen konnten. Sanetti betrieb das erste Eiscafé in Kassel in der Royal-Passage, die es heute nicht mehr gibt.

Es folgten viele Events wie das 1.-Mai-Fest oder das Oktoberfest. Und dann kamen die Veranstaltungen in den Messehallen. Der Rekord waren 13 000 zahlende Gäste zum Oktoberfest, und die Kneipen in ganz Kassel waren trotzdem voll. Die Leute kamen von weit her und wenn die Hallen voll waren, ging man in die Kneipen und feierte bis zum nächsten Morgen.

Auch Udo Lindenberg kam nach seinem Konzert in der Stadthalle im ‚Bohemia' vorbei. Ich habe damals mit Nena für einen Auftritt verhandelt, da wollte sie noch 2000 DM haben. Kurz danach hatte sie ihren Durchbruch und die Gage ging durch die Decke.

Dann war da noch die Pink-Aktion kurz vor der documenta-Eröffnung 1982. Joseph Beuys' Beitrag waren 7000 Eichen für Kassel. Es lagen 7000 Basalt-Stelen vor dem Fridericianum und wir haben die mit einer professionellen Farbsprayanlage pink angesprüht. Der Polizei haben wir erzählt, Beuys hätte uns den Auftrag erteilt, und sie ließen uns gewähren und haben uns sogar den Stromkasten aufgeschlossen, weil unser Aggregat nicht anspringen wollte. Das schlug hohe Wellen in der weltweiten Presse und Freunde aus USA riefen an: ‚I saw you in TV!' Die Farbe wurde dann Tage später wieder entfernt, aber wir hatten die Themenfarbe vom Bohemia durch die Presse geschickt.

Ach ja, den Namen ‚Bohemia' habe ich aus Mexiko mitgebracht. Da gibt es heute noch ein Bier mit dem Namen und auch einem ähnlichen Schriftzug. Die Leute sind damals aus Böhmen nach Mexiko ausgewandert und haben eine Brauerei gegründet und das Bier ‚Bohemia' genannt. In Kalifornien und Mexiko ist es immer noch ein bekanntes Bier. Es steht auch immer noch eine Flasche im Bohemia, nicht geöffnet.

Ich habe das Bohemia ja schon in den 1980ern weiter verpachtet, aber immer noch

Typische Bohemia-Szene, 1983

Bohemia auf dem Kasseler Stadtffest

beratend begleitet. Danach folgten noch einige Projekte wie 1987 das Café ‚En Vouge‘, 1988/89 das ‚1900‘, das Restaurant ‚Pepone‘ und die ‚Kutscherstube‘. 1994 habe ich den Gutshof neben der Niederlassung vom Hessischen Rundfunk übernommen und bis 2024 betrieben.

Decken-Installation der besonderen Art

Ich hatte zwar schon Angebote, aber an Verkauf denke ich heute noch nicht. Ich habe einen guten Pächter. Nasrat Ansari führt das ‚Bohemia‘ in meinem Sinne und macht das wirklich gut.“

Fes – Höhepunkt zu Weihnachten

Karthäuser Straße 17

Ich treffe den langjährigen Wirt Frank Lüst, der auch gleich ins Erzählen gerät: „Tja, ich bin seit der Eröffnung des ‚Fes' 1983 dabei. Mit den Jahreszahlen haben wir nie kokettiert, weil wir unser überwiegend junges Publikum nie erschrecken wollten. Wir wollen nicht als ein ‚uralter Laden' rüberkommen, wo eigentlich schon die Generation ihrer Eltern Gäste waren.

Wie gesagt, ist das ‚Fes' 1983 eröffnet worden und war eigentlich ein ‚Anschlusstreffer' zum ‚New York', was es damals relativ frisch gab. Die Vorgeschichte dazu war eine Aktion am Herkules, die sich ‚Auditorium Maximum' nannte. Georges Koch und Bernd Wagner, die später dann auch beim ‚Fes' mitgemacht haben, hatten sie initiiert. Sie hatten Verbindungen zu ‚Schlösser und Gärten Kassel' und durften unterhalb vom Herkules eine große Party machen. Da sind zwei- bis dreitausend Leute hochgerannt, die ganze Stadt war in Aufruhr, weil es nie offiziell genehmigt worden war.

… glänzt nicht nur im Regen

Zu der Zeit war die Gastronomie in Kassel von den Brauereien Binding und Martini dominiert, die den Daumen auf den verschiedenen Objekten hatten. Sie fanden ziemlich cool, was da am Herkules passiert war, und dachten sich: ‚Denen bieten wir jetzt mal was an.' Und so haben wir das ‚Elysee' an der Fünffensterstraße übernommen und haben daraus das ‚New York' gemacht. Das war über dem ‚Café Däche' (heute das ‚Eckstein') – ein wunderbares altes Café! Bestelltest du da einen Kakao, fragte der Ober berichtigend: ‚Eine heiße Schokolade?'

Wir hatten im zweiten Stock auch noch Räumlichkeiten mit Lüster, Aquarium und alten Möbeln. Das ‚Elysee' war halt nur eine Diskothek, und die lief nicht sonderlich gut. Deshalb wurde räumlich vergrößert, und es gab ein Mischkonzept zwischen Bistro, Livemusik und Diskothek. Das kam so gut an, dass Georges, Toni und Bernd ein zweites Objekt angeboten bekamen, ein ehemaliges französisches Bistro mit Essen, das aber mangels Erfolg wieder aufgegeben wurde.

Das ‚Fes' war für mich der Einstieg ins Gastrogeschäft. Ich war zwar aktiver Szenegänger, hatte auch schon in der Gastronomie gearbeitet und das nur von außen mitbekommen. Aber man sah an den neu entstehenden Räumlichkeiten, dass da was für richtig viel Geld entsteht. Die Rede war von 200 000 DM. Ein neuzeitlicher Laden entstand da in der Karthäuser Straße 17 neben der alten Hauptpost.

Da das Team vorher das ‚New York' gehabt hatte, suchte man nach einem anderen Städtenamen und an einem Abend mit Künstler und Innenausstatter Wolfgang Loewe kam man auf ‚Fes'.

Gesucht! Gefunden! Das FES-Team

Alle Jahre wieder: Christmas-Party vor dem Fes

Seit 1983 im Wüsten-Style

Wolfgang hat dann die Innenausstattung übernommen, hat ein Wüstenambiente geschaffen, die Wände mit Airbrush zur Dünenlandschaft verwandelt und den Fußboden mit Sand aufgeschüttet, leuchtende Tische und eine viel zu überdimensionierte Beschallungsanlage installiert. Die Musikboxen konnten nicht groß genug sein – so war das damals.

Die Eröffnung dauerte drei Tage. Wir haben die ganze Nachtszene eingeladen, auch der leider schon verstorbene Frank Thaldorf hat mitgearbeitet. Es war voll mit Bekannten und Freunden, sodass neue Gäste nicht mehr reinkamen. Die waren natürlich sauer, weil lange zuvor groß annonciert wurde: ‚Hier kommt die neue Bar in Kassel.' Aber zur Eröffnung war es eigentlich eine geschlossene Gesellschaft. Das kam gar nicht gut an und hat dazu geführt, dass der Laden das erste halbe Jahr gemieden wurde.

Das ‚Fes' war auch tagsüber geöffnet. Es war vom ganzen Ambiente ein Laden, wo man sich wohlfühlen konnte. Robert und die anderen, die hinter der Theke standen, haben keinen Mainstream gespielt, was viele ansprach. Ich hatte 1987 angefangen hier zu arbeiten und bin dann erst 1991 verantwortlich geworden. Gegenüber in der Kaufburg entstand das ‚Yello' – war ein super 80er-Jahre-Laden, der aber erst zu später Stunde lief. Sie durften aber nur bis 3:00 Uhr geöffnet haben – die Schließzeiten wurden streng kontrolliert.

Wir hatten auch die Konzession bis 3:00 Uhr, weil wir hier noch zum Innenstadtbereich gehören. Das hat sich bis heute so gehalten, wie auch unsere Partnerschaft, aus der sich Mitte 1990er-Jahre unser letzter Teilhaber der ersten Stunde, Georges Koch, verabschiedete. Er ist aber immer noch der Namenspatron unserer Partner-GmbH.

Jetzt sind wir zu zweit und haben ein gutes Fundament, was auch ein Grund für unseren Erfolg ist. Wir haben dafür gesorgt, dass die Abläufe erhalten bleiben, das Konzept steht und die Qualität stimmt. Das gibt es wohl nicht so häufig.

Das ‚Fes' existiert jetzt mit dem Interieur seit über 40 Jahren und durch die Partnerschaft konnten wir uns auch Freiräume schaffen, auch der Tatsache geschuldet, dass man starke Leute hinter der Theke hat, die durch ihre Präsenz oft als Chef angesehen werden. So war und ist es möglich, dass sich jeder seine Auszeit nehmen und dem Familienleben widmen kann.

Unser Publikum, das sind am frühen Abend mehr die Oberschüler, das mischt sich dann später stark. Wir haben hier immer eine offene Tür gehabt. Der Türsteher ist mehr dazu da, aufzupassen, dass niemand zu später Stunde mit Getränken vor die Tür geht. Früher haben wir die Leute auch vor der Tür feiern lassen, doch das wurde im Sommer schon grenzwertig, weil der Platz vor der alten Hauptpost dann voller Menschen war. Das mussten wir nach Beschwerden einschränken.

Wir haben wirklich alle Generationen hier und das die ganze Woche, ohne Ruhetag. Über unsere gute Musikanlage spielen wir überwiegend Black Music, Crossover, auch Ethno und elektronische Musik. Der künstlerisch gestaltete Billardraum ist unser Raucherbereich.

Wir hatten hier zwei unterschiedliche Phasen: So bis Anfang 2000 war das hier ein Late-Night-Bar-Betrieb. Es fing erst gegen 22:00 Uhr an, und es kamen ältere Gäste. Irgendwann musste hier gegenüber so ein ‚Teenie-Schuppen' schließen und die jungen Leute kamen am frühen Abend zu uns. Wir haben nie große Werbung gemacht, weil wir der Überzeugung sind, dass Mundpropaganda das Beste ist. Das hat als ‚Geheimtipp' super funktioniert und spart uns die Arbeit an der Facebook- oder Website-Betreuung.

Ein absoluter Höhepunkt ist jedes Jahr das ‚Home-Coming-Fest' zu Weihnachten. Da kommen an die tausend Leute und feiern ihr Wiedersehen mit alten Freunden – eine unglaublich gute Stimmung mit Getränkeständen und weihnachtlicher Beleuchtung."

Art- und Billard-Raum

Yello/Prigogine – Disco in der „Burg"

Friedrich-Ebert-Straße 18

In den frühen 1970er-Jahren hat alles angefangen. Als Wirt des „Truthahn" im Wilhelmshöher Weg/Ecke Schanzenstraße setzte Frank Rusteberg Maßstäbe für alles, was danach an Musikkneipen in Kassel entstand. Der „Truthahn" war der erste Laden, wo die Musik im Vordergrund stand.

Ein Zeitzeuge erzählt: „Die Musik war brechend laut - Steely Dan, The Police, Dire Straits, eben das Neuste, was gerade rauskam. In anderen Kneipen gab es zwar auch Musik, die lief aber eher im Hintergrund, sodass man sich unterhalten konnte.

Aber Frank hatte den Puls der Zeit getroffen. Die Leute haben einfach nur dagestanden und sich gut gefühlt. Dieses Konzept hat zum Beispiel das ‚Hot Legs' dann übernommen. Laute Musik, man hat sich kennengelernt, aber man konnte sich nicht so weit kennenlernen, dass es erfüllend war. So ist man am nächsten Wochenende wiedergekommen und hat die nächsten zwei Sätze gewechselt. Der ‚Truthahn' war schon ein Meilenstein, der viel zitiert wurde, doch passte das Konzept nicht so recht zu den Schlafgewohnheiten der Nachbarn und man musste schließen."

Frank eröffnete daraufhin in der neu erbauten „Kaufburg" neben der Alten Hauptpost in der Friedrich-Ebert-Straße das „Yello". Die Kaufburg machte ihrem Namen alle Ehre. Dieser Koloss aus rotem Backstein mit vor- und zurückspringender Fassade und einer Ladenpassage im Innern wirkte wie eine Trutzburg. Sie hat wohl keinem Ladenbesitzer oder Mieter der zahllosen Appartements Glück gebracht, denn der ganze Komplex soll demnächst wieder abgerissen werden.

Aber davon war Anfang der 1980er-Jahre noch keine Rede - im Gegenteil. Frank investierte. Der Laden erstreckte sich zur Friedrich-Ebert-Straße hin über zwei Etagen. Eine Treppe führte nach oben in den großen Disco-Raum mit Emporen, Tanzfläche und langer Bar. Durch die Verglasung konnte man schon von außen sehen, was drinnen los war. Das Ambiente war ungewohnt, fast steril, mit gelbem Neonlicht und New-Wave-Musik. Das Publikum war auch im Bohemia oder dem gerade eröffneten „Lollipop" neben Henry's Bistro anzutreffen. Alles auf einer Meile und nachts herrschte reger Fußgängerverkehr die Friedrich-Ebert-Straße rauf und runter.

Irgendwann wurde das „Yello" zum „Prigogine" und es ging weiter bis in die späten 1990er-Jahre. Frank hatte immer seine feste Crew um sich, ein „Händchen" und die Risikobereitschaft, etwas durchzuziehen. In einen so großen Laden wie das Yello Geld zu investieren und eine Disco zu etablieren, die es so noch nicht gab, dazu gehört schon Mut! Er hat das vom Konzept her knallhart durchgezogen, hatte eine Vision und nicht gefragt, wie kann ich es den Leuten recht machen, sondern seine Vorstellungen konsequent umgesetzt.

Meistens war er in seinen Läden auch anzutreffen - groß, die langen, schwarzen Haare zum Pferdeschwanz gebunden, stand er wie ein Indianer in seiner Realität gewordenen Vision.

Auch war er an einigen anderen Kasseler Clubs beteiligt. Seine letzte Station in Kassel war das Herbsthäuschen, hoch über Kassel nahe dem Herkules. Das erweckte er aus seinem „Dornröschen-Schlaf" und machte es in kurzer Zeit zum Anziehungspunkt für Wanderer, Hochzeitsgesellschaften und Vereinsfeiern, wo auch Livemusik stattfand. Oft trafen sich dort die alten Weggefährten aus den letzten gemeinsamen Jahrzehnten.

Urgesteine und Legenden: Frank Rusteberg

Jeder, der Kassels Nachtleben erlebt hat, ob in den 1970er-, 1980er- oder 1990er-Jahren, kennt Frank Rusteberg. Er betrieb einst den legendären „Truthahn", das „Pul" und das „Yello", das dann zum „Prigogine" wurde.

Nightlife vor dem Yello

2005 ging er nach Berlin, betrieb dort ein New-Wave-Lokal und freut sich seines Lebens. „Die 80er waren die kreativste Phase in meinem Leben", sagte er einmal in einem Interview, und die haben in Kassel Spuren hinterlassen.

2017 stand ein Nachruf in der Zeitung: Frank Rusteberg, der Disco-König, sei verstorben. Noch am gleichen Tag meldete er sich quicklebendig bei der Redaktion, um den Gegenbeweis anzutreten. Er fühle sich in Berlin sehr wohl und hätte dort gerade seinen 70. Geburtstag gefeiert. Während er die Zeitungsente mit Humor nahm, wären seine Kinder, 30 und 32 Jahre alt, allerdings geschockt gewesen.

Podium – Leckeres in Bahnhofsnähe

Kölnische Straße 34

In Sichtweite zum Hauptbahnhof mit dem Skywalker und der Caricatura-Galerie steht etwas abseits der Innenstadt ein altes Gebäude aus dem 19. Jahrhundert. Man muss schon zweimal hinsehen, um das vom Wein verwachsene Schild „Podium“ zu entdecken. Aber das scheint nicht so wichtig, da das Podium seit März 1983 in Kassel existiert und mittlerweile von der zweiten Generation besucht wird.

Ich treffe Rolf Both, den Inhaber, und frage ihn nach dem Werdegang:

„Gegründet haben wir das Podium mit einer Gruppe von sechs Personen, wo sich im Laufe der Jahre die Konstellationen verändert haben. Wir hatten vorher eine Gaststätte in Hofgeismar mit jugendlichen Gästen, bis uns die Martini-Brauerei dieses Objekt hier in Bahnhofsnähe angeboten hat.

In den 1970er-Jahren hieß die Gaststätte „Hobel“ und wurde danach für ein halbes Jahr ein spanisches Lokal, bevor wir es übernommen haben. Das Konzept war eine Studentenkneipe mit Livemusik und einer beschränkten Küche, was damals typisch für diese Art Lokal war: Baguettes, Calamari, Tortellini in Sahnesoße waren unter anderem im Angebot. Es haben viele Kasseler Bands hier gespielt. Im Laufe der Jahre vergrößerte sich die Speisekarte und unser Angebot für preiswertes, gutes Essen wurde immer besser angenommen.

Leider muss man sagen, dass die Livemusik immer mehr eingeschlafen ist, da die Gäste essen und sich unterhalten wollten, was nicht mehr in das alte Konzept passte. Alle Wiederbelebungsversuche, was die Konzerte betraf, haben nichts gefruchtet. Unser Kerngeschäft war immer das ‚Podium‘. Neben einem Engagement im ‚Fiasko‘ waren wir ein bis zwei Jahre im ‚Finkenherd‘ an der Fulda mit dabei. Den Pavillon in der Tischbeinstraße, zuletzt ‚Grafitti‘ gibt es ja heute nicht mehr.

Wir hatten das marode Gebäude damals als Gruppe gekauft, die Besitzer, ein älteres Ehepaar, hatten es als Hotel ‚Waldecker Hof‘ betrieben, bevor es zu einem Studentenheim wurde.

Tja, dann sind die Gründungsmitglieder so nach und nach aus dem Kneipengeschäft ausgeschieden. Entweder haben sie ihr Studium abgeschlossen oder sich anderweitig beruflich orientiert. Ich blieb übrig und habe das ‚Podium‘ dann mit anderen Partnern in wechselnder Besetzung weiterbetrieben. Seit 25 Jahren mache ich es mit meiner Frau Christine zusammen.

Auf uns kam die anstehende Vollsanierung des Hauses zu. Da wir das nicht stemmen konnten, hat dies ein Investor übernommen, und wir sind seit 25 Jahren Pächter.

Wir sind auch älter geworden und überlegen, wie man die Zukunft organisiert. Noch stehen wir täglich selbst hier, machen und tun. Früher sieben Tage die Woche und jetzt sechs – das macht sich schon körperlich bemerkbar.

Die Corona-Zeit war fürchterlich! Das hat erst mal ewig gedauert, bis wir Überbrückungsgeld erhalten haben. Man hat jeden Tag dagestanden und wusste nicht, wie es weitergeht. Zwei bis drei Jahre lang, mal offen, dann wieder geschlossen. Dieser Druck war immens, weil die Kosten weiterliefen. Ein Außer-Haus-Verkauf lohnte sich gar nicht. Mal abgesehen vom finanziellen Aspekt war das auch eine hohe psychische Belastung. Aber wir haben es überstanden und alles hat sich wieder gut entwickelt.

Unsere Gäste sind, Gott sei Dank, eine gute Altersmischung. Was die Stundenten von damals betrifft, sind die ja jetzt schon in Rente. Wir haben viel Stammpublikum, das überwiegend wegen des Essens kommt, weil man hier preiswert und gut essen kann. Das zieht auch viele jüngere Leute an.

Im vorderen Raum, der auch als Raucherbereich zur Verfügung steht, gibt es einen Billardtisch. Im Rahmen der Sanierung wurde eine Terrasse angebaut und unser Personal ist in dem Alter, in dem wir damals waren – Studenten, die das als Nebenjob tun.

Das Ausgehverhalten der jungen Leute hat sich im Vergleich zu den früheren Zeiten schon sehr verändert. Man traf sich im Stammlokal und schaute, was so passiert. Heute wird im Internet ein Event gesucht. Da wird sich verabredet, vorgeglüht und dann geht es gezielt los.

... come in!

Schattige Terrasse

Aber hier haben wir auch viele, die sich am frühen Abend bei uns treffen, weil es etwas ruhiger ist. Dann geht's zur Friedrich-Ebert-Straße oder zum ‚A.R.M' – wir sind eine beliebte Zwischenstation.

Das ‚Podium' wird auch in Zukunft Bestand haben. Wann und wie wir uns zurückziehen, muss wohl überlegt sein, aber wir werden einen Weg finden, es irgendwann in gute Hände zu geben."

Last Penny – Bis heute in Partystimmung

Sickingenstraße 10

Das „Last Penny“ ist schon lange Geschichte, doch der Spirit lebt in Kassel auch nach Jahrzenten weiter, und zwar in der Person des DJ's Uwe Welsch und in den Köpfen vieler Kasseler, die in den 1970er-Jahren ihre erste Begegnung mit der reinen Black Soul Music hatten.

Während Chuck Berry mit dem Rock 'n' Roll in den 1960er-Jahren Deutschland eroberte, war das „Last Penny“ in den 1970ern mit seiner Musik von den Beatles, Rolling Stones, Pink Floyd und der „Kraut-Rock-Mania“ erst ein Geheimtipp, ... aber bald auch eine Lebensphilosophie. Vorreiter wie Otis Redding, James Brown, Ray Charles und viele anderen hatten schon den Weg in die Musikkneipen gefunden, aber das, was da als „Funk“ daherkam, war anders. Uwe Welsch war von der ersten Stunde an dabei und ist heute noch in ganz Deutschland als DJ in Sachen Black Soul unterwegs. Da er auch im Theaterstübchen einmal im Monat eine Last-Penny-Disco veranstaltet, konnte ich ihn finden und ein Treffen mit ihm ausmachen.

In einem Altbau aus dem 19. Jahrhundert am Grimmplatz (vier lange Treppen) treffe ich Uwe. Er begrüßt mich herzlich und ich trete ein in eine Wohnung voller Erinnerungen. Ob Flur, Küche oder Wohnzimmer, alle Wände sind mit Postern, sorgfältig gerahmten Fotos und Presseinfos bestückt – als hätte es keinen Raum mehr für die Zukunft. Doch weit gefehlt. Wenn man genauer hinschaut, reichen die Erinnerungen bis in die 2020er-Jahre zurück. Und die Geschichte ist noch nicht zu Ende, wie ich später noch ausführlicher erfahre. Doch zunächst frage ich ihn, wie das damals so anfing, und Uwe Welsch erzählt:

„Der Club Last Penny existierte von 1974 bis 1987. Am Anfang war das eine ganz normale Disco, wie es sie zu der Zeit häufig gab, für sehr junge Leute. Ich glaube, man nannte sie ‚Popper‘. Das waren ganz brave Kids, die nach der aktuellen Hitparade getanzt haben.

Irgendwann hat Ewald Jeltsch den Laden übernommen, der schon mehrere Diskotheken in Kassel gehabt hatte, unter anderem den ‚Elefant‘. Er wollte einen Club machen speziell für farbige Amerikaner, die damals als Soldaten in Kassel und der weiteren Umgebung stationiert waren. Die waren sozusagen ‚heimatlos‘ geworden, seit ihr Club ‚Atlantik‘ in der Wilhelmstraße geschlossen worden war. Da hatte es eine Riesenprügelei zwischen ‚GIs‘ und der Polizei gegeben, bei der Gehwegplatten durch die Luft flogen. Daraufhin wurde der Laden von der Behörde geschlossen. Nach einem Brand war dann endgültig Schluss.

Ich hatte da schon längere Zeit als Discjockey gearbeitet und Ewald bat mich, ihm beim Aufbau eines neuen Clubs zu helfen. Ich stellte Kontakte her und fuhr nach London, um Platten zu besorgen, welche hier noch nicht den Weg in die Läden gefunden hatten. Es wurde eine geeignete Location in der Sickingenstraße gefunden und ein Club installiert, wo sich die amerikanischen Soldaten mit ihren ‚deutschen Fräuleins' treffen und amüsieren konnten. Als DJ einstellen wollte Ewald mich aber nicht. Ich war ihm zu teuer, hatte schon eine Familie zu ernähren und brauchte eine ordentliche Gage. So sprang ich nur als Aushilfe ein, denn die Amerikaner waren happy, für ein paar ‚Groschen' und ‚Drinks' selbst Platten aufzulegen und Mädchen kennenzulernen.

Für mich war das, wie gesagt, uninteressant. Ich bin aber weiterhin für Ewald nach London gefahren, um die neuesten Platten zu besorgen. Und wenn von den ‚GIs' mal keiner konnte, habe ich ihn vertreten.

Es gab damals schon in der Szene bekannte DJs wie Kelley – der hat lange im ‚Penny' aufgelegt, ebenso DJ C.MOORE, der in Kassel als Erster das ‚Mixing' vorgestellt hat. Das ist die Technik, verschiedene Musikstücke ineinander übergehen zu lassen. Damals wusste keiner, wie das geht, aber er konnte das. Für mich war das nichts, weil ich lieber über das Mikro mit den Leuten kommuniziert habe. Beim Mixing hast du Kopfhörer auf und bist von der Tanzfläche quasi abgeschnitten. Aber es setzte sich immer mehr durch und letztendlich musste ich es lernen, sonst hätte ich keine Jobs mehr gekriegt. Man wurde danach beurteilt, wie gut man die Übergänge von einem zum anderen Song gestaltete. Das begann eben mit der ‚Souldisco Last Penny' so ab 1978.

Die Discos in den 1970er-Jahren waren oft im englischen Stil eingerichtet, mit gedrechselten Säulen, Mahagonifarben und dunkelroten Polstern. Das Logo ist ja der original englische

The American Way in Nord-Hessen

Penny, das hat Ewald irgendwie fasziniert und war auch für die amerikanischen Soldaten witzig, die ja sonst mit Cent zu tun hatten. Jetzt gingen sie in eine ‚englische' Disco.

Der Standort in der Sickingenstraße im Innenhof eines ehemaligen Industriebaus war optimal, da der Schallpegel keine Anwohner störte. Das war halt, wie man sagte, ein ‚GI-Hang-Out'. Der Stationierungsstandort Kassel wurde später größtenteils aufgegeben und die Soldaten kamen dann von weiter her aus Städten wie Wildflecken oder Bad Hersfeld. Die Jungs waren happy, der Dollar-Kurs war hoch und so konnten sie eine Menge Spaß haben.

Die deutschen Männer waren eher nicht wegen der Frauen, sondern wegen der Musik da. Das war der pure Soul, die Hits der Zeit, Philadelphia-Soul, Motown, dann Anfang der 1980er-Jahre Hip-Hop und Rap. Die DJs fingen dann selber an zu rappen und haben Party gemacht. So ist das dann bis 1987 geblieben.

Ich bin dann bei der Abschlussparty noch dabei gewesen. Warum das ‚Last Penny' zumachte, weiß ich gar nicht genau, aber direkt danach hat der Club ‚Manhattan' am Königsplatz aufgemacht und später das ‚World' in der Sandershäuser Straße. Hier fanden bis zu 3000 Leute Platz. Wenn allerdings nur 500 Gäste da waren, wirkte es fast leer – das war der Nachteil.

Ich bin jetzt 57 Jahre in dem Job und habe immer noch DJ-Auftritte in ganz Deutschland. Das von mir aus gesehene junge Publikum hat keine Berührungsängste, nach der Musikauswahl von einem ‚alten Sack', wie ich es bin, zu tanzen. Ich rieche ja nicht nach Rheuma-Salbe! Deshalb habe ich nach wie vor noch Auftritte und die ‚Kids' kennen einige Songs nur durch spätere Coverproduktionen und freuen sich, wenn sie die Originalversionen hören. Die Musik ist immer noch populär, selbst die 70er- und 80er-Jahre-Musik.

In der Mitte: Uwe Welsch

Die DJ-Elite

all night long

Last-Penny-Party im Theaterstübchen

Ich veranstalte jetzt seit 1989 in Erinnerung an den Club ‚Last-Penny-Partys', zuerst bei Frank Rusteberg im ‚Kakadu' in der Germaniastraße. Der wurde aber wegen der großen Nachfrage zu klein. Ich bin dann in ‚Henrys Bistro' neben der Friedenskirche umgezogen, und irgendwann sprach mich Markus Knierim vom Theaterstübchen an, bei ihm die Partys zu machen.

Seit 2009 veranstalte ich einmal im Monat die ‚Penny-Party'. Ich hab' damals die Leute gefragt, wer das ‚Last Penny' noch erlebt hat, und die Hälfte der Gäste hob die Hand. Deshalb kann ich, was die Musikauswahl betrifft, nicht weit abschweifen und bleibe bei den ‚good old sounds' der 1970er- und 1980er-Jahre. Viele kennen sich von damals und kommen jetzt mit ihren Söhnen und Töchtern zum Abfeiern.

Wie die Zeit vergeht! Ich bin jetzt 79 Jahre alt, veranstalte die 168. ‚Last-Penny-Party' und lasse den alten Spirit aufleben – kein Ende in Sicht. Mein Terminkalender ist gut gefüllt, und solange es meine Gesundheit erlaubt, werde ich weitermachen. Die Rente kann warten!"

Wer kennt sie noch?

Ulenspiegel, Zwylle, Café Berger – Verschollen im Bermudadreieck

Goethestraße/ Ecke Querallee

Die Kreuzung Goethestraße/Querallee war in den 1980er-Jahren als „Bermudadreieck" bekannt. Wer einmal den Weg dahin gefunden hatte, kam so schnell nicht mehr weg.

Ob Sommer oder Winter, immer beliebt – die Ulenspiegel-Terrasse

Es gab in den Eckhäusern drei Gaststätten – das „Café Berger", die „Zwylle" und den „Ulenspiegel" –, die das magische Dreieck bildeten. An warmen Sommerabenden standen die Menschen bis auf die Straßen. Man unterhielt sich, man trank und aus der „Zwylle" drang der Sound einer Liveband. Alle hatten jede Menge Spaß.

Das „Café Berger" und die „Zwylle" sind schon lange Geschichte, aber der „Ulenspiegel" erfreut sich mittlerweile schon über zwei Generationen hinweg ungebrochener Beliebtheit. Die Terrasse vor dem Eingang ist in den Sommermonaten mit Tischen und Schirmen bestückt und im Winter zum traditionellen Glühweintrinken mit Pavillons, Lichterketten und Heizpilzen ausgestattet.

Der „Ulenspiegel" befindet sich im Stadtteil Vorderer Westen, der vom Zweiten Weltkrieg größtenteils verschont blieb und mit seinen Jugendstilhäusern aus dem späten 19. Jahrhundert eine in Kassel ganz einzigartige Atmosphäre besitzt. Betritt man tagsüber den Gastraum, müssen sich die Augen erst mal an das gedämpfte Licht gewöhnen. Alle Wände sind mit alten Holztüren, Schrankplatten, gerahmten Gründerzeitspiegeln und Vitrinen-Türen aus Eichen- oder Buchenholz bedeckt. Seit über 40 Jahren im selben Ambiente, wurde nur die Theke erneuert.

Im „Ulenspiegel“ herrscht immer Hochbetrieb. Die Gäste, eine gute Mischung aus Jung und Alt, sind, wenn man sich umhört, meistens Stammgäste. Einer meint: „Ich kenne keine Kneipe, die so voll ist, egal an welchem Tag du kommst. Hier ist immer was los! Die Coronazeit war schwierig, aber als alles etwas gelockert wurde, mit Tischen auf dem Vorplatz und Bratwurst auf die Hand, war der Zusammenhalt der Leute noch besser als vorher!“ Ein anderer findet: „Tolles Konzept, diverse hervorragende spanische Tapas, die Musik ist ‚einen Tag älter‘, geht aber keinem auf die Nerven.“ Wieder ein anderer lobt: „Sehr urige, nette, tolle Kneipe, die man immer wieder besuchen mag. Man macht hier keine Unterschiede zwischen Stammgästen und Touristen - Kneipenkultur vom Feinsten. Im Sommer wie im Winter wirklich cool. Gutes Bier, nette Schweinereien zum Essen, nichts Üppiges, aber zum Bier genau richtig.

Ein weiterer Stammgast sagt: „Ich bin hier schon als Student hingegangen und als Rentner treffe ich immer noch alte Freunde, die oft von weither kommen und sich hier verabreden.“

Hier kann man überall auf Holz klopfen

... wie auch hier

Der Ulenspiegel ist schon eine Institution in Kassel und aus der Kneipenlandschaft nicht mehr wegzudenken. Als ich 1981 aus Berlin nach Kassel kam, war der „Ulenspiegel“ eine der ersten Kneipen, die mir empfohlen wurden, und ich habe mich sofort an die Berliner Kiezkneipen erinnert gefühlt.

Der „Ulenspiegel“ ist ein Ort, wo die Zeit zum richtigen Moment stehen geblieben zu sein scheint.

Von 1970 bis 1997 gehörte die „Zwylle“ zu den Szenelokalen im Stadtteil Vorderer Westen - ein Hotspot und Treffpunkt für Studenten, Professoren, Künstler und andere Menschen, die morgens nicht so früh rausmussten. Im Erkervorbau befand sich eine große, runde Theke und gegenüber ein Podest vor der Wand, das regelmäßig als Bühne diente. Die unterschiedlichsten Künstler traten dort auf, von lokalen Bands bis hin zu „Extrabreit“.

Die Zwylle, 1983

Ulenspiegel, 1983 – bis heute unverändert

In den 1980er-Jahren waren hier prominente Personen wie der documenta-Leiter Jan Hoet, der Künstler Joseph Beuys, die Tänzerin und Choreografin Pina Bausch und der Journalist und Schriftsteller Hans-Jürgen Massaquoi zu Gast. Das Restaurant bot Platz für kreativen Austausch und Diskussionen. Eine internationale Speisenkarte und eine große Auswahl an Getränken machten das Angebot rund.

In den 1990-Jahren kam das Rauchverbot, was auch viele anderen Gaststätten vor Herausforderungen stellte, welchen sie oft nicht gewachsen waren. Man spricht heute vom „großen Kneipensterben“, nicht nur in Kassel. Auch machten neue Restaurants auf, die eine Konkurrenz darstellten, und die „Zwylle“ wurde 1997 geschlossen.

Nach aufwendigen Renovierungsarbeiten wurden die Räume in das nebenan gelegene italienische Restaurant „Boccaccio“ integriert. Wer die „Zwylle“ erlebt hat, wird sie nicht vergessen. Ein kleines Schild am Eingang zum „Boccaccio“ erinnert an die kreativ-bewegte Zeit. Doch auch das „Boccacio“ ist inzwischen Geschichte. Noch immer ein italienisches Restaurant, heißt es heute „Baccano“.

Cha Cha / Chacal – Kleine Bar mit großer Ausdehnung

Goethestraße 44

Das „Cha Cha“ wurde 1979 von Elli Binder übernommen. Davor gehörte es zu einer Gruppe von Nachtbars, die sich um die Kreuzung Germaniastraße/Goethestraße/Rudolphsplatz befanden: das „Be Two“, ein Schwulenclub, das „La La La“, ein Striplokal, und das „Cha Cha“, eine Nachtbar.

Vor der Neueröffnung wurde umgebaut. Das war überschaubar, denn der ganze Laden war nicht mal 50 Quadratmeter groß. Links eine Theke, davor Barhocker, ein schmaler Gang und rechts eine Empore mit kleinen, runden Tischen und Stühlen. Der Bürgersteig vor dem Eingang ist so schmal, dass man mit dem Auto direkt hätte vorfahren und sich ein Getränk hätte reichen lassen können.

Ein Kunststudent, der gerade seinen Abschluss machte, übernahm die Innengestaltung und konnte seinen Ideen freien Lauf lassen. Eine Nische in der Wand wurde zum „Stephen-King-Kabinett“ – eine schwebende Puppe mit Beleuchtung hinter einem Spiegel. Was wie ein ganz normaler Spiegel anmutete, entpuppte sich als Spion-Spiegel. Nur wenn das Licht in der Nische aufblitzte, sah man sein Spiegelbild mit der Puppe verschwimmen. Da geriet so manch ahnungslosem Gast der Drink schon mal in die „falsche Kehle“.

Heute: einer der schönsten Plätze im Vorderen Westen

Eröffnungsfeier 1979

Hinten an der Wand der „Schock-Spiegel“

Außerdem zieren von hinten beleuchtete Motive aus Plexiglas sowie Schriftzüge und Formen aus dünnen Neonröhren die Wände und Decke. Außen lockt der Schriftzug „Cha Cha“ Gäste an. Zur Eröffnung gab es Live-Musik von den lokalen Größen Ray Binder und Jaques Gourmet – alles, was Rang und Namen hatte, war dabei.

So ging es dann über Jahre weiter. Im Sommer standen die Gäste entlang des schmalen Gehwegs. Drinnen spielte laute Musik und es wurde getanzt, wo immer man einen Platz dafür fand.

Doch der Name „Cha Cha“ hatte nicht lange Bestand. Ein Geschäftsmann aus Hamburg klagte auf Änderung, denn er hatte sich den Namen sichern lassen. Hermann Brood, der auch schon in Kassel (Monroes Park) aufgetreten war und eine LP mit Titel „Cha Cha“ herausgebracht hatte, war nicht nur Namensgeber der Bar, sondern auch Spekulationsobjekt für den vermeintlich findigen Hamburger. So wurde aus „Cha Cha“ „Chacal“.

Große Veränderung gab es dadurch in der Bar nicht, doch vor dem „Chacal“ hat sich einiges getan. Die Goethestraße wurde zum Boulevard umgebaut und vor dem „Chacal“ ein schöner Platz gestaltet. Mit einem gemauerten Carré zum Sitzen und einer Leuchte in der Mitte hat er ziemlich schnell den Spitznamen „Affenfelsen“ erhalten. Direkt nebenan hat eine Eisdiele eröffnet, die das Angebot im Sommer perfekt macht, sodass sich der Platz schon ab mittags langsam füllt. An warmen Abenden sitzen schon mal über hundert Menschen im Herzen des Vorderen Westens und genießen die mediterrane Atmosphäre. Ab und zu gibt es spontane Akustik-Konzerte und viele sagen es sei der „chilligste“ Platz in Kassels Mitte. Ein Sommerabend vor dem „Chacal“ ist erlebenswert.

Dizzy's Bierkontor – Unser aller Wohnzimmer

Querallee/Ecke Wilhelmshöher Allee

Ein ganz besonderer Ort war das 1979/1980 gegründete „Dizzy's Bierkontor", das von einer Gruppe von sieben Freunden in einer Altbauwohnung eröffnet wurde. Eine ehemalige Stammgästin erzählt: „Das ‚Dizzy' war unser aller Wohnzimmer!

Das „Wohnzimmer", 1983

Ich kenne es ja nur von vor der Theke! Es war ein Kneipenkollektiv, wo im Prinzip viele Leute in der Basisgruppe waren, sowohl vor wie auch hinter der Theke. Die Szene-Kneipe an der ‚Willi-Allee' in der Nähe der Ingenieurschule war zum Beispiel der Ausgangspunkt der legendären Ing.-Schulpartys.

Ich bin 1980 nach Kassel gekommen, das war auch die Blütezeit des ‚Dizzy's'. Viele später bekannt gewordene Leute, wie Willi Drostewich, Reinhold Weiss, die später in die Kommunalpolitik gegangen sind, wie auch Achim Frenz, der leider verstorbene Caricatura-Gründer, und auch der Kabarettist Bernd Gieseking waren hier Stammgäste.

Es gab viele Diskussionen, es trafen sich die Sozialpädagogen, Sozialarbeiter, die Politologen, viele, die Lehramt studierten und Studenten der Visuellen Kommunikation, eines Zweigs der Kunsthochschule – das war sozusagen die linke alternative Szene, die hohe Zeit der kommunistischen Gruppen. Es bildeten sich die Basisgruppen und so war das Bierkontor praktisch der Gründungsort der Grünen in Kassel.

Das Konzept war ‚Wohnzimmer' und das war es auch für mich. Man traf immer die Gleichen, mit Fernsehen war ja Gott sei Dank nicht so viel. So war das Dizzy die Infobörse, Freizeitbeschäftigung und Abendprogramm. Ich wohnte in der Nähe und bin oft noch mal um 23:00 Uhr aufgebrochen, um für zwei Stunden Billard zu spielen und Bier zu trinken.

Ähnlich ging es und geht es auch heute noch im ‚Podium' zu. Aber im ‚Dizzy' war es schon sehr speziell. Schade, dass die urige Kneipenkultur mehr und mehr ein Clubambiente bekommen hat, wo man eben sitzt und auch isst. Einfach eine Kneipe, wo man nur trinkt, das hat man vielleicht noch im ‚Irish Pub'.

Das ‚Dizzy' schloss dann in den 1990er-Jahren und eine Ära ging zu Ende. Viele Freunde schlugen die unterschiedlichsten Wege ein, die nicht immer eben waren, aber zu einigen habe ich heute immer noch Kontakt. Ein ‚Dizzy-Revival' wäre mal eine schöne Sache!"

Henry's Bistro – Entspannte Atmosphäre und exzessive Partys

Weigelstraße/ Ecke Königstor ...

Auf meiner Suche nach Geschichte und Geschichten zu Kassler Kneipen stand schon von Anfang an „Henrys Bistro“ auf meiner Liste. Nach ein paar Telefonaten konnten wir einen Termin finden und haben uns nachmittags im „Ulenspiegel“ verabredet. Ich treffe Henry Jänsch, der sicher auch zu den Urgesteinen der Kasseler Kneipenszene gehört. Wir sitzen an einem kleinen Tisch, der Gastraum ist schon gut gefüllt und das Klirren der Gläser und die Gespräche im Hintergrund bilden den Klangteppich zu dem, was er mit erzählt:

Kleine Fassade, aber viel dahinter

Henry, der Penionär

Henry und die 2009 verstorbene Barbara Rudnik, Schauspielerin aus Kassel

„Ich habe Koch gelernt, meine Mutter war Deutsche und mein Vater US-Amerikaner. So hatte ich die Gelegenheit, eine Zeit lang in einem Restaurant in New York zu arbeiten. Das gab mir einen Einblick in das Gastronomiegeschäft und nach meiner Rückkehr nach Kassel den Impuls, nach einem geeigneten Lokal zu suchen.

... da trinkt man auch mit seinem besten Freund

Spiel's nochmal Sam

Henry in den 1980ern

Ich eröffnete mit meinem Partner 1972 die ‚Brasserie'. Das war vorher der Studentenclub ‚Info', wo auch RAF-Leute verkehrten, wie später bekannt wurde. Er befand sich skurrilerweise im Königstor, direkt neben dem Polizeipräsidium. Doch schon 1973 trennten sich unsere Wege und ich eröffnete ‚Le Bistro', in der Friedrich-Ebert-Straße. In den ersten zwei Jahren lief der Laden überhaupt nicht gut, erst 1975/76 ging es richtig los. Man muss schon eine Weile durchhalten, bis ein Laden läuft.

Vom Kunstprofessor Eberhard Fiebig, den Leuten vom Staatstheater, Schauspielerin Barbara Rudnik über Studenten und Lebenskünstler, wo man nicht genau erfuhr, was sie eigentlich machten – alle waren meine Gäste. Es war eine entspannte Atmosphäre ohne Stress und Auseinandersetzungen. Es gab kleine Live-Konzerte mit Kasseler Musikern wie Ray Binder. Auf der Durchreise kam auch einmal die ‚Steve

Andrang im Bistro, rechts Henry.

Gibbons Band' vorbei, die Rock 'n' Roll à la Chuck Berry machte. Auch Hermann Brood war nach einem Konzert Gast bei mir. Es wurden exzessive Partys und Geburtstage gefeiert.

Das lief alles so gut bis zum Jahr 2000, als der Pachtvertrag endete und der Eigentümer die Miete verdoppelte. Durch einen Freund, der bei Radeberger arbeitete, konnte ich umziehen in neue Räume am Bebelplatz. Im Jahr 2008 kam dann so einiges zusammen: Das Kneipensterben begann und ich wurde krank, hatte ja all die Jahre sieben Tage in der Woche durchgearbeitet. Das forderte seinen Tribut. Ich war ausgebrannt und wurde ruppig – keine gute Grundlage mehr, eine Kneipe zu führen.

Also zog ich mich zurück, bin heute Rentner und freue mich darüber, regelmäßig in den ‚Ulenspiegel' zu gehen, der sich seit meiner aktiven Zeit nicht verändert hat."

Gruppenbild mit Markus Knierim (links)

Polster – Der richtige Wirt am richtigen Platz

Königstor 26

Ich treffe Fredo Ignazio zum Interview in „Joe's Garage", wo man ihn mittags immer mal antreffen kann. Wir kennen uns seit seiner Zeit als Wirt im „Polster". Ich probte damals mit einer Band in der Nähe und anschließend ging es noch auf einen Drink ins „Polster", um über die uns „bevorstehende steile Karriere" zu diskutieren – the sky was the limit. Sobald ich das „Polster" betrat, stürmte mein Hund Ibsen gleich hinter die Theke zu Fredo, um sich seine Frikadelle abzuholen.

Jede Kneipe steht oder fällt mit der Persönlichkeit des Wirtes, und Fredo war der richtige Wirt im richtigen Lokal. Er begrüßt mich mit den Worten: „Lange nicht gesehen. Ich bin nicht mehr derselbe wie damals, ich bin älter und ruhiger geworden." „Das sind wir doch alle", antworte ich. Und auf meine Frage, wie das alles begann, erzählt er: „Ich kam im Frühjahr 1989 aus Hamburg und hatte den Plan, ein Lokal zu eröffnen. Im Dezember bot mir eine Brauerei ein freiwerdendes Lokal an. Sie hatten den Vertrag mit dem Wirt gekündigt und wollten einen erfolgreichen Neustart. Ich begann also mit dem Umbau nach meinen Vorstellungen und eröffnete im Februar 1990 das neue ‚alte' Polster.

Es gab eine gut ausgestattete Küche und wir boten ab 10:00 Uhr Frühstück an sowie Mittagstisch und abends Speisen bis 23:00 Uhr. Das sprach sich schnell herum. 50 Meter rechts von uns war das Polizeipräsidium und 50 Meter links der Standort des Roten Kreuzes. So gehörten Polizei- und Kripobeamte wie auch Rettungssanitäter und Notärzte schnell zu unseren täglichen Gästen. Abends mischte sich das Publikum – Studenten, Beamte, Musiker und alles, was sonst noch Durst und Hunger hatte, kamen hinzu.

Im folgenden Sommer stellten wir vier Tischgarnituren vor das Lokal, die erste Straßenbewirtung im Königstor, wo es bisher nur kleine Lädchen gab. Die Hausbesitzerin über uns im dritten Stock war uns nicht wohlgesonnen und klagte über den nach oben abziehenden Zigarettenrauch in ihrer Wohnung. Also montierten wir eine Markise, um den Rauch vor dem Aufsteigen zu verteilen. Aber die Klagen hörten nicht auf, bis das Ordnungsamt dann feststellte, dass Zigarettenrauch im dritten Stock nicht wahrnehmbar ist. Der wahre Grund war wohl, dass sie keine fröhlichen Leute mochte.

Bald darauf entstand gegenüber der nächste kleine Straßenbiergarten vor dem Lokal ‚Die Kneipe', und das Königstor belebte sich so nach und nach mit einem Thai-Imbiss, einem griechischen Restaurant und an der nächsten Ecke das ‚El Sol' mit seiner Tex-Mex-Küche. Ich hatte am Anfang etwas Schwierigkeiten mit den Sitzgepflogenheiten der alten Stammgäs-

te. Wenn du in Hamburg in eine Kneipe gehst, die noch leer ist, und es sitzen fünf Leute an einem Tisch und ein Paar an der Theke, dann setzt du dich an die Theke und signalisierst, dass du dich unterhalten möchtest, oder neben den besetzten Tisch. Wenn du dich aber alleine an den Tisch in der gegenüberliegenden Ecke setzt, dann hält dich jeder für einen Eigenbrötler. Bleib doch zu Hause, wenn du Alleinunterhalter bist!

Ein Beispiel: Wir hatten neu aufgemacht, der erste Gast kam rein und setzte sich an Tisch eins (für acht Personen), die nächsten zwei haben sich ans andere Ende gesetzt und so füllte sich der Laden nach und nach. Da kam eine Gruppe von Leuten rein, sie schauten sich um und sagten: ‚Ach, schade ...' und wollten wieder gehen. Ich hielt sie auf und fragte: ‚Wo wollt ihr denn hin?' Sie sagten: ‚Ja, der Laden ist doch voll!' ‚Nee', sagte ich, ‚der Laden ist nicht voll.' Dann bin ich an den Tisch für acht Personen gegangen und fragte den Gast, ob er sich bitte an den kleineren Tisch daneben setzen könnte, damit die größere Gruppe Platz finden könnte. ‚Nee', sagte er, ‚das ist doch mein Tisch.' Ich habe herzlich gelacht und gemeint: ‚Nee, nee, der Tisch gehört mir. Ich freue mich ja, wenn du dich wohlfühlst, aber guck doch mal, da sind acht Leute, die wollen Spaß haben und da ist doch auch Platz daneben.' Da ist er empört gegangen.

Das war nicht das einzige Mal. So sind damals viele ehemalige Gäste gegangen. Auf der anderen Seite kamen nach nicht einmal zwei Monaten die Leute nur noch rein, blieben, egal wie voll der Laden war, vor der Theke stehen und sagten: ‚Ich brauch' 'nen Tisch! ‚Ja, in fünf Minuten wird dahinten einer frei, trink' so lange erst mal hier was!' Die Gäste haben das so schnell angenommen, und es war kein Problem mehr. Irgendwann wurde es so voll, dass ich weitere Gäste vertrösten musste: ‚Tut mir leid, aber die und die warten schon. Ich kann euch nichts versprechen.' ‚Na, dann trinken wir nur etwas', war meistens die Antwort."

Das „Polster" gab er 1998 ab.

Die Person in der Mitte mit Hosenträgern ist Fredo, direkt daneben mein Hund Ibsen. Vorne „observiert" ein Kripobeamter durch sein Bierglas, dahinter sitzt ein Polizeibeamter nach seiner Doppelschicht. Im Hintergrund sieht man mit Gitarre „Gecko", den Blues-Gitarrist. Vorne Links sitzt „Bommy", seines Zeichens Rocksänger, dahinter „Thekenperle" Katja. Am Himmel links (das war damals Zukunftsvision) der erste „Sundair"-Flieger von Kassel nach Mallorca, rechts daneben eine unbekannte Fluggesellschaft. Ich selbst sitze mit großen Augen am Straßentisch. Ähnlichkeiten aller anderen dargestellten Gäste mit lebenden Personen sind nicht zufällig!

Theaterstübchen – Kulturverstärker am Nil

Jordanstraße 11

Markus Knierim, der Betreiber des legendären „Theaterstübchens“, erinnert sich an die Anfänge:

„Nachdem ich das ‚Szenario‘ in der Langen Straße wieder zum Laufen gebracht hatte, ergab sich 1995 die Gelegenheit, das kleine ‚Theaterstübchen‘ gegenüber vom Schauspielhaus zu übernehmen. Das Stübchen war jeden Abend voll mit Leuten, die nach den Aufführungen im Theater noch etwas trinken wollten. Erst mal war es nur eine Kneipe, aber dann kamen immer mehr Schauspieler und Orchesterleute, wenn die Theaterkantine zugemacht hatte. Ich fing an, mit den Schauspielern Lesungen zu organisieren, wie die schon legendäre ‚Loddar-Maddäus-Lesung‘. Oder der exzellente Schauspieler Wolfram Mucha gab den Trapattoni, wofür wir die Zapfhähne mit Mikrofon-Schonern bestückt hatten, wie bei der berühmten Pressekonferenz. Auch Mucha als Charles Bukowski war eine oft wiederholte Veranstaltung.

Die Hauswand dient auch als Projektionsfläche des Bühnengeschehens drinnen.

... unzählige Konzerte im Theaterstübchen

Es wurde immer mehr ein kultureller Treffpunkt, die Nächte waren lang und infolgedessen kam es oft zu Beschwerden von Nachbarn. So bin ich dann in die ehemalige ‚Bimmel' um die Ecke in der Obersten Gasse umgezogen und es ging kulturell weiter. Ich hatte einen Stutzflügel und so wurden aus Lesungen oft kleine Konzertveranstaltungen.

Ein Schauspieler hatte mir ein blaues Zigaretten-Werbeschild aus Hamburg mitgebracht, auf dem in weißen Buchstaben ‚Regie Nil' stand. Ich dachte Regie hat etwas mit Theater zu tun und so war der Name ‚Theaterstübchen am Nil' geboren. Ich bestückte alle beiden Zigarettenautomaten ausschließlich mit Nil-Zigaretten, und es dauerte nicht lange, da bekam ich einen Anruf vom Hersteller, der sich fragte, warum in Kassel pro Kopf die meisten Nil-Zigaretten verkauft wurden, mehr als an allen acht anderen Standorten, inklusive Berlin, Hamburg und Köln.

Es kündigte sich der Marketingchef Mr. Walters aus München an und übergab uns eine Urkunde als Nil-Leuchttürmchen in Deutschland. Die Auszeichnung war verbunden mit einem jährlichen Sponsoringzuschuss von 5000 DM und nachträglich für das vergangene Jahr nochmal 5000 DM sowie dem Titel

‚Kulturverstärker'. Das war viel Geld für mich, denn ich habe immer alles, was ich hatte, gleich wieder in den Laden investiert. In der damaligen ‚Bimmel' gab es (das ist heute unvorstellbar) Beschwerden wegen der nächtlich an- und abfahrenden Autos.

Wolfgang Kornrumpf machte mich auf das leerstehende ‚Movie' aufmerksam. Der Vermieter war ein Namensvetter von mir, Steuerberater Knyrim. Der sagte: ‚Sie sind doch der Sohn vom ‚alten Knierim', für den ich damals die Steuern gemacht habe.' So konnte ich 1996 das alte ‚Movie' mieten und im Februar 2000 das neue ‚Theaterstübchen' eröffnen. Ich hatte einen Mietvertrag über 2000 DM, aber nie das Geld, um die Miete zu bezahlen. Er war sehr geduldig mit mir und meinte, ob ich nicht wenigstens die Nebenkosten aufbringen könnte. War halt ein Freund der Familie und hat mich hier einfach erst mal machen lassen. Ohne ihn wäre es niemals dahin gekommen, was es heute ist. Er war ein großer Gönner und erst mal froh, dass es überhaupt bespielt wurde.

Es gelang mir, aus allen beiden vorherigen ‚Theaterstübchen' das Publikum mitzunehmen, am Anfang nur zwei- bis dreimal die Woche und nie als Kneipe, sondern immer zu Veranstaltungen. Es ist wie ein Märchen, was hieraus geworden ist.

Die ‚Last-Penny-Partys' veranstalten wir auch schon seit 15 Jahren, da wird die Disco-Soul-Music vom alten ‚Last Penny' gespielt. Die Leute, die dazukommen, sind auch noch die von damals. DJ Uwe hat da früher schon aufgelegt, ist jetzt 79 und schmeißt immer noch die Party.

Das ist die Konstante hier, und ich halte auch durch, wenn es mal nicht gut läuft. In der Coronazeit war ich immer an der Front, immer präsent mit Aktionen, soweit es die Einschränkungen zuließen.

Tja, und nun feiere ich in vier Jahren mein 50-jähriges ‚Dienst-an-der- Kultur-Jubiläum'."

Danke Markus, da sind wir dabei!

Jörg Götzfried, Dylan's Dream, in concert

Urgesteine und Legenden: Markus Knierim

Ich treffe Markus Knierim, den Betreiber des „Theaterstübchen", des geilsten Clubs zwischen Kiel und Kufstein, wie viele der dort auftretenden Künstler finden.

Wir treffen und an einem Mittwochnachmittag im „Theaterstübchen", als gerade Getränke geliefert werden. Floh, der Soundtechniker, stellt Mikrofone und Monitorboxen für das abendliche Konzert auf die Bühne. Heute spielt „Soul to Soul" mit Thomas Stolkmann alias Stolle. Die Reinigungskraft sagt „Tschüss!", die Getränkefahrer trinken noch ein Wasser. Markus und ich sitzen an einem Tisch, während im Hintergrund die Kaffeemaschine brodelt. Markus beginnt zu erzählen:

Die Ansage vor jedem Konzert gehört für Markus einfach dazu.

„Ich bin geboren am 11.06.1962 und am 11.06.1978 habe ich mit 16 Jahren angefangen im heute legendären ‚Truthahn' als Gläserholer zu arbeiten. Frank Rusteberg hatte die schriftliche Erlaubnis von meinen Eltern, die er kannte, eingeholt, für den Fall, dass die Polizei mal kontrollieren käme. Es gab damals ‚Henry's Bistro', den ‚Truthahn', 'ne Schwulenkneipe, und den ‚Ulenspiegel'. So war der 11.06.78 mein erster offizieller Tag in der Gastronomie, und ich werde in vier Jahren mein 50-jähriges Jubiläum feiern. Wahnsinn, 50 Jahre Gastrogeschichte, davon sechs Jahre in Portugal und 44 in Kassel.

Zum ‚Truthahn' sind wir damals durch die EuroDisco-Veranstaltung hingekommen. Ich war mit Christoph Bergmann befreundet, er war schon 18, und wir haben im Bürgersaal vom Rathaus Disco und auch Livebands spielen lassen. Es war immer brechend voll.

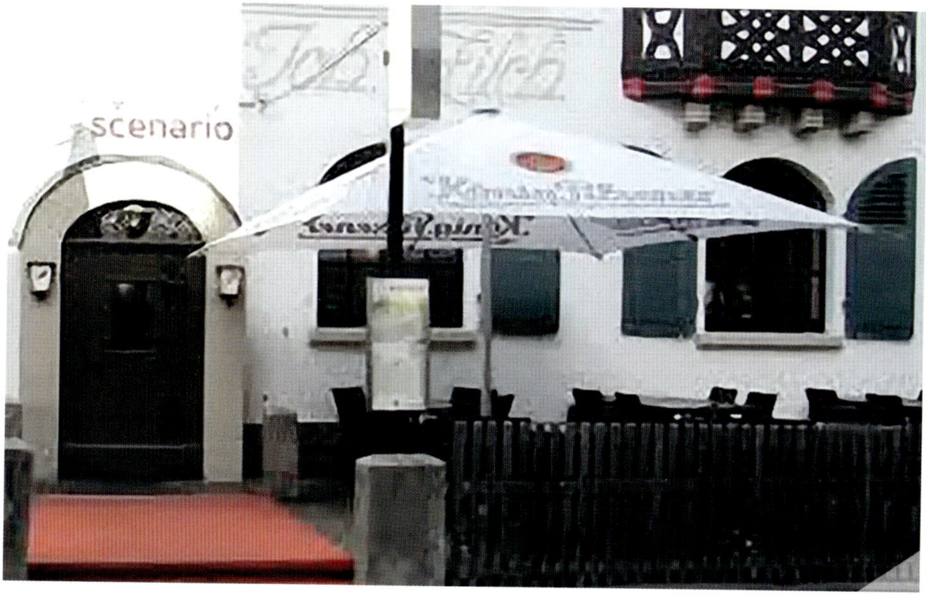

Eine der frühen Wirkungsstätten: das „Scenario“

Nach der Truthahn-Zeit zog es mich in ‚Monroes Park‘ in die Friedrich-Ebert- Straße und zur Konzertagentur ‚Mamma Konzerte‘, die viele Stars nach Kassel geholt hat, z. B. Bob Marley im Juni 1980, nur ein Jahr vor seinem Tod. Es ging weiter im ‚Café Floh‘ (heute ‚Joe's Garage‘), wo ich Geschäftsführer bei Walter Weber war. Der hatte mit seinem Bruder auch den Laden ‚Jeans am Kirchweg‘.

1986 packte mich das Fernweh, es zog mich nach Portugal. Die Idee war, einen Livemusikladen zu öffnen. Nach zweijähriger Suche fand ich am Rande von Porto eine alte Sardinenfabrik, die ich zur Veranstaltungshalle umbaute. 6x16 Meter Bühne, Lightshow und große Anlage, alles aus Deutschland runtergekarrt!

Der Höhepunkt von vielen großen Events waren unter anderen ‚The Pretenders‘. Das wurde im ersten Jahr ein großer Erfolg und weckte Begehrlichkeiten der dortigen Mafia. Die haben die Ämter bestochen, Portugal war noch nicht in der EU, und mir immer mehr Steine in den Weg gelegt, bis hin zum gelockerten Reifen an meinem Wagen. Eines Tages hatten sie an meinem Club die Schlösser ausgewechselt, und ich kam nicht mehr rein.

Ich bin dann nach Deutschland geflüchtet. Mein Schwager hat später die Wohnung in Portugal ausgeräumt, aber das ganze Club-Inventar musste ich zurücklassen. Wir haben noch von Kassel aus mit Anwälten versucht zu retten, was zu retten ist, aber es war unmöglich, mit den damaligen rechtlichen Möglichkeiten etwas zu bewirken. Wenn ich zurückrechne, schuldet mir die Mafia bis heute 2,8 Millionen Euro Miete.

Der Scenario-Thekenraum vor dem Ansturm

Ich stand damals mit 300 000 DM Schulden da, hatte Geld aufgenommen, die Firma ‚Auditiv' hatte die Anlage geliefert und aufgebaut. Kurz gesagt: Ich war einfach zu jung und blauäugig! Wenn ich nicht geflüchtet wäre, hätten die mich sicher umgebracht, irgendwo verscharrt und niemand hätte mich gefunden.

In Kassel habe ich dann erst mal auf dem Bauernhof meiner Schwester Mist geschippt, bis ich Stefan und Horst traf, zwei ehemalige Mitschüler der Albert-Schweitzer-Schule. Die betrieben das ‚Szenario' in der Langen Straße. Der Laden lief schlecht, und sie wollten eigentlich schließen.

Ich bin dann 1996 eingestiegen und habe angefangen, den Laden alle vier Wochen komplett umzugestalten. Mit Unterstützung vom Staatstheater (da hatte ich schon immer gute Verbindung zu) konnten wir uns im Kulissenlager bedienen.

Es gab ‚Arktische Nächte' – alles in Weiß, ‚Wüstennächte' – alles in Sandfarben – wir hatten mit Stoffen die ganzen Wände zugetackert und 40 Tonnen Sand in den Laden gekippt.

Fünf Meter lange Dinosaurierköpfe ragten in den Laden hinein, als der erste Jurassic-Park-Film in den Kinos anlief. Wir hatten einen Tyrannosaurus-Rex-Kopf mit leuchtenden Augen.

Es folgte eine ‚Ost-West-Party', bei der durch die Mitte der Kneipe eine Mauer mit kleinen Suchscheinwerfern lief, die sich hektisch drehten. Die linke Seite repräsentierte den Osten (spartanisch), die rechte den Westen mit Glitzer und Discokugeln. Wie gesagt, alle vier Wochen haben wir den Laden nachts nach Sperrstunde komplett umgebaut und am nächsten Tag war er wieder offen.

Ach ja, ein Thema war ‚Schmutzige Nächte'. Da haben wir vier Wochen nicht sauber gemacht – keine Aschenbecher geleert und keine Toiletten geputzt. Mit dieser ‚Dekoration' hatten wir natürlich die wenigste Arbeit und die Leute fanden es geil.

Dann gab es noch die ‚Frühlingsnächte', bei denen ich zur Freude meiner Eltern mit Genehmigung des Försters an die 20 Birkenstämme in Wasser gestellt habe. Heizung und Licht an, so hatten wir vier Wochen vor Frühlingsbeginn frische grüne Birken im Lokal.

Es dauerte ein halbes Jahr von ‚pleite' bis der Laden lief!

Ich habe dann angefangen, die ersten Jazz-Konzerte zu veranstalten, so war ich von 1988–1995 im Szenario aktiv."

Dann ergriff Markus Knierim die Gelegenheit, das „Theaterstübchen" am Steinweg zu übernehmen, das er trotz zwei Standortwechseln als Kneipe und Veranstaltungsort zu großem Erfolg führte und bis heute in der Jordanstraße betreibt.

Lohmanns – 136 Jahre Bier im Garten

Königstor 8

Das Lomanns ist wohl Kassels älteste Kneipe mit Biergarten, die bis heute existiert. Gegründet wurde sie 1888 von Friedrich-Wilhelm Lohmann und seiner Frau Marie in der Garde-du-Corps-Straße.

1891 kauften die Lohmanns ein Haus mit Grundstück im Königstor 8 und eröffneten hier ihre Gaststätte. Das Gebäude ging bis zur Straße, einen Biergarten gab es da noch nicht. Lina Lohmann, die jüngste Tochter, übernahm das Geschäft 1913. Ab 1921 stieg der jüngste Sohn Friedrich mit Frau Hedwig als Betreiber ein. Friedrich-Wilhelm Lohmann starb 1939, und in der Bombennacht 1943 wurde das Gebäude völlig zerstört.

1945 fand die Wiedereröffnung statt. Man hatte hinter der stehen gebliebenen Fassade einen Biergarten und am hinteren Ende eine kleines Gaststättengebäude errichtet.

Schon in den früheren 1960er-Jahren zog es viele junge Leute ins „Lohmann", bis das Ordnungsamt das Lokal 1966 wegen angeblicher Sicherheitsmängel schloss. Die jungen Gäste, von jetzt auf gleich vor die Tür gesetzt, rebellierten gegen die Schließung, was zur ersten Demo in Kassels Nachkriegsgeschichte führte. Doch es sollte noch bis 1970 dauern, bis nach dem Tod von Friedrich Lohmann, seine Frau Hedwig und ihre Schwester das Lokal wiedereröffneten.

Platz satt – drinnen wie draußen

Die beiden führten es bis ins Jahr 1975. Es folgte als neuer Pächter Dieter Wenzel, der 1988 das 100-jährige Jubiläum feierte. In den 1980er-Jahren bestand das „Lohmann“ aus einem Biergarten, ein paar wild gewachsenen Birken und der am hinteren Ende der nach dem Krieg errichtete Gaststätte. Acht Tische, in der Mitte ein großer Holzofen - das Publikum war jung, gemischt mit einigen alten Stammgästen aus der Nachkriegszeit. Es wurden ein paar Speisen angeboten, die Küche war sehr begrenzt, aber im Sommer war der Biergarten voll und die wachsende Uni in Kassel sorgte für Nachschub an Gästen.

Bei schönem Wetter immer voll

Im Winter dagegen, im kleinen Innenlokal ging es ruhiger zu. Der Ofen knisterte, und Musik lief im Hintergrund, wenn sie nicht durch Diskussionen über Gott und die Welt von Tisch zu Tisch übertönt wurde.

Ein Brand in den 1990er-Jahren beendete zum zweiten Mal nach dem Krieg die Geschichte des „Lohmann“ abrupt.

2001 erfolgte die Neueröffnung durch die neu gegründete Lohmann GmbH unter Guiseppe Arcuri. Umfangreiche Umbaumaßnahmen gestalteten das traditionelle Grundstück völlig neu: große, verglaste einladende Gasträume, ein teilweise überdachter Biergarten, versehen mit Schiebetüren für den Sommerbetrieb. Über dem Eingang prangt seitdem der große Schriftzug „Lohmann - Kassels älteste Kneipe mit Biergarten“, darüber eine große Ziege.

Der alte provisorische Charme ist einer perfekten Gastronomie gewichen, ein gut gefülltes Lokal mit Feiermöglichkeiten für bis zu 150 Personen und ansprechender Inneneinrichtung. Es werden nicht zu viele und nicht zu wenige Speisen angeboten, gerade richtig, um jeden Gaumen zufriedenzustellen.

Das „Lohmann“ war und ist eines der beliebtesten Biergarten-Lokale und wer das alte Lohmann-Feeling sucht, setzt sich einfach in den verbliebenen Freigarten, schließt die Augen und hört dem nicht enden wollenden Klangteppich der Gespräche zu.

Zum Postillion – Jeder wie er will

Brüder-Grimm-Platz 4

Als ich 1982 von Berlin nach Kassel zog, war das Postillion das erste Lokal, das ich kennenlernte. In Großstädten, wie (damals West-) Berlin, hat jeder Stadtteil seinen eigenen Kiez mit Kneipen, wo man sich kennt und trifft. In Städten wie Kassel verteilen sie sich mehr oder weniger auf die ganze Stadt.

Da das „Postillion“ in der Nähe meiner Wohnung lag, war es auch das erste Ziel, um die hiesige Szene kennenzulernen. Von außen kaum wahrzunehmen, hinter einer alten Fassade mit kleinscheibiger Fensterreihe, kam man schon mittags in einen mit Schülern gut gefüllten Gastraum. Das Friedrichsgymnasium, die Jacob-Grimm-Schule bis hin zur Ingenieurschule sorgten in den späten Vormittagsstunden für regen Betrieb.

Die Inneneinrichtung war eher rustikal – die Holzstühle, Tische und Bänke hatten schon viel erlebt. Ein niedriges Holzpodest mit Geländer teilte den Raum. An der Wand stand ein Klavier, links eine Theke und an der tragenden Mittelsäule und den Wänden hingen jede Menge Zettel, Plakate, Poster, ein Zeitungsständer, Buttons und Aufkleber, mit Angeboten à la „Ich suche/Ich biete“: Zimmer in WG, Mitfahrgelegenheit, Yogakurs, Selbstverteidigung von Frauen, Konzertankündigungen, Demos und Politveranstaltungen. Che Guevara schaute dem Treiben zu.

Zeitgemäß improvisierte Außenwerbung

Nachmittags wechselte das Publikum hin zu Studenten, Arbeitern und jungen Eltern mit Kleinkindern. Die Nachmittagssonne schien durch das Fenster, es wurden die ersten Biere getrunken, gegessen und Backgammon gespielt. Die Gespräche, das Klingen von Gläsern und das Fauchen der Kaffeemaschine bildeten einen entspannten Geräuschteppich, auf dem man gut hätte hinwegdämmern können.

Die Inhaber hatten den Anspruch, eine Kneipe zu machen, die die Möglichkeit bot, sich einfach nur aufzuhalten. Beide Inhaber, ein Buchhändler und ein Sozialarbeiter, hatten noch keine Gastro-Erfahrung. Die Vorstellung aus der Sozialarbeit war, einen Kommunikationsrahmen zu schaffen, der nicht den Konsumzwang in den Vordergrund stellt. Es gab keine Verpflichtung, etwas zu trinken oder zu verzehren. Hier sollte sich jeder aufhalten dürfen, wie er wollte!

Es hatte sich innerhalb der ersten Jahre ein Stammpublikum gebildet - Junge wie Alte, völlig unterschiedlich. Kein Tag war wie der andere, die Stimmung auch immer verschieden, aber immer herrschte eine gewisse Harmonie. Regelmäßig gaben Kasseler Bands Livekonzerte, die immer gut besucht waren.

Das erinnerte mich alles sehr an die Kneipen in meinem Berliner Kiez. Und so wurde ich zum meist nachmittäglichen Stammgast, nahm eines Tages einen Zeichenblock und einen Stift mit und begann die Szenen zu zeichnen. Dabei kam mir der Gedanke, einen Kneipenkalender zu machen und bei dieser Gelegenheit Kassels Nacht- und Szeneleben kennenzulernen, was dann auch gut funktioniert hat.

Im „Postillion" gab es in den 1990er-Jahren eine Umstrukturierung. Das Restaurant rückte mehr in den Vordergrund, wurde zur gehobenen Gastronomie mit Kulturprogramm, wie Lesungen, Ausstellungen und Kleinkunstbühne. Es gab kuriose Aktionen wie „Sie kaufen ein und wir bereiten es zu" und auf der Speisenkarte stand das Gericht „Ist-mir-egal" für 14,90 DM. Da wusste man nicht, was man bekommt. Aber sämtliche Speisen waren regional- und saisonbedingt ausgerichtet. Der „Postillion" schloss um 2017 dauerhaft seine Pforten. Zu hoffen bleibt, dass es nach der Umgestaltung des Brüder-Grimm-Platzes einen neuen „Postillion" geben könnte.

Der kleine Biergarten hinter der Hecke

So fing alles an.

1983

Uhrtürmchen – Sehr urig am Türmchen

Harleshäuser Straße 134

In Kassels Nordwesten liegt Harleshausen. Einst ein Dorf, wie viele um Kassel herum, das seit den 1920er-Jahren langsam mit der Stadt verwachsen ist. Hier haben Anfang der 1980er-Jahre die letzten Bauernhöfe ihre Stall- und Scheunentore für immer geschlossen. Und doch hat sich der dörfliche Charakter im Ortskern und auch im Bewusstsein der Alteingesessenen bewahrt. Die einstigen Felder sind Siedlungen gewichen und was früher Kommunikationsorte wie die Bänke unter der Linde waren, hat sich in die Kneipen verlagert. Ob die „Backstube" in Wehlheiden oder das „JWD" in der Unterneustadt (im Volksmund „'s Dörfchen") oder eben das „Uhrtürmchen" in Harleshausen.

Das Uhrtürmchen wurde 1988 eröffnet, als Kneipen mit gemütlicher Theke ihre Hochzeit hatten. Wo gibt es noch Kneipen wie diese, mit uriger Einrichtung, in der man auch tolles Essen und solche gepflegten Biere genießen kann? Im Uhrtürmchen ist man nicht nur zahlender Gast, sondern Mitglied der Wirtshaus-Familie. Auch in schlechten Zeiten war der Zusammenhalt der Gäste mit den Betreibern immer wieder der Grund, das „Uhrtürmchen" fortzuführen.

Ich bin mit Freund und Namensvetter Jörg, Stammgast im „Türmchen", verabredet. Schon als wir ankommen, wird Jörg von allen Gästen mit einem kurzen Gespräch begrüßt. Hier scheint jeder jeden zu kennen. Es ist Dienstag, noch früh am Abend, aber die Außentische im schmalen Biergarten, die sich um die Hausecken des Lokals ziehen, füllen sich langsam.

Ich frage Jörg, was das „Uhrtürmchen" für ihn so attraktiv macht. Er erzählt: „Ich bin Biertrinker. Es ist die Tradition dieses Hauses, eine gepflegte Bierkultur zu haben, und es ist die einzige Wirtschaft, wo es das Pilsener Urquell vom Fass gibt. Es gab zu meiner Studienzeit nur zwei Lokale, wo es das vom Fass gab.

Dieses Lokal habe ich eigentlich durch meinen Sohn kennengelernt, der in seiner Sturm- und Drang-Zeit oft hier war. Ich habe schnell gemerkt, hier kann man jederzeit hingehen, sich mit Ur-Harleshäusern treffen und gute Gespräche führen. In der Vergangenheit war das ‚Türmchen, eine reine Bierkneipe mit gelegentlichen Snacks, die angeboten wurden. Es stand neben der Theke ein Suppentopf mit Gulasch-, Erbseneintopf usw. Da konnte man sich selbst bedienen und hinterher sagen, was man konsumiert hatte. Auch gab es traditionell, Ahle Wurst und donnerstags die sensationellen selbst hergestellten leckeren Gehacktesbrote mit Zwiebeln und verschiedenste ‚Schmeggewöhlerchen'.

Bieh uns kannsde au

DRUSSEN BEINANNER HOGGEN!

Trio „Schlagerlust“ - da sangen alle mit

Auch gab es einen Fernsehraum, denn das Uhrtürmchen war der Treffpunkt für Schalke-Fans. Am Wochenende wurde Bundesliga geschaut. Das ging so lange, bis das Pay-TV die Gebühren drastisch erhöht hat, und es sich für die Wirtsleute nicht mehr rechnete.

Es wurde zu der Zeit auch viel gefeiert. Das Oktoberfest war fester Bestandteil des Jahres, Geburtstage, Motto-Partys und Silvesterpartys wurden zelebriert. Um im harten Gastrogeschäft zu überleben, verlegten die Wirtsleute Sandra und Matthias Schelzig den Schwerpunkt nach und nach auf das Angebot aus der Küche.

Es kamen neue Gäste zum Essen, denn schnell hatte sich herumgesprochen, dass man hier exzellente Steaks essen kann. Aber auch das alte Stammpublikum ist dem ‚Uhrtürmchen' treu geblieben. Die große Theke ist immer noch da, man kann sich hinsetzen, knobeln oder Karten spielen und gutes Bier vom Fass trinken.

In einem ‚Kneipenrestaurant' ist die Persönlichkeit von Wirtin und Wirt, gepaart mit einer guten Küche, ausschlaggebend für den Erfolg. Ich gehe immer gerne hierher, zum Stammtischtreffen oder Weihnachtsessen, denn hier schlägt das Herz von Harleshausen."

Oktoberfest-Freunde feiern ab

Backstube – Kultlokal mit Tradition

Kochstraße 16

In Herzens Wehlheidens, etwas versteckt hinter der großen Kreuzung am Wehlheider Platz, findet man die „Backstube", das Wohnzimmer vom Kiez und Kommunikationszentrum des Stadtteils.

Im Winter brennt im 70 Quadratmeter großen ehemaligen Backraum ein gemütliches Kaminfeuer, im Sommer sitzt man im großen Biergarten, umgeben von großen Büschen und Bäumen.

Rustikal

Jochen Cramer ist seit 40 Jahren Wirt der Backstube und „Multihandwerker". Es ist 16:30 Uhr, als am Nebentisch acht Frauen im reiferen Alter Platz nehmen. „Das ist der Bouleclub", sagt Jochen, „die treffen sich jeden Donnerstag, wir haben draußen eine Boulebahn angelegt."

Um diese Zeit ist noch nicht so viel los. Wir setzen uns an einen Tisch und Jochen beginnt zu erzählen: „Das hieß schon immer Backstube, weil hier früher gebacken wurde, bis in die späten 1960er-Jahre." „Übrig geblieben ist, dass wir immer noch ‚kleine Brötchen backen'", scherzt er.

„Ich habe hier 1976 als Handwerker angefangen. Zu der Zeit hat Michael Breitenbüchner das Lokal betrieben und nach zwei bis drei Jahren an Uwe Kollmann weitergegeben. Der hat es auch drei Jahre gemacht, wurde krank, und ich habe es dann mit meinem Freund Horst Schmidt übernommen, seit 1984 dann in eigener Regie. So haben wir jetzt 40-jähriges Jubiläum.

Es war eine Backstube und es ist auch eine geblieben. Man braucht immer ein Thema, damit man so was auch durchführen kann. Es gab nur einen kleinen Biergarten oder, besser gesagt, stand hinter dem Haus nur das Leer-

Live-Musik im Biergarten

Jochen Kramer (links) hat Zeit für ein Gespräch mit Gästen.

gut und die Leute haben sich draußen auf die leeren Bierfässer gesetzt. Da kam einer vom Ordnungsamt und sagte: ‚Jochen, warum stellst du nicht auf die große Freifläche daneben Stühle und Tische?' Das gab den Ausschlag, einen Biergarten zu installieren. Ich bin dann in die METRO gefahren und habe erst mal zehn Garnituren geholt, sodass es dann 100 Sitzplätze gab.

Das ist dann stetig gewachsen und wir haben auch davon profitiert, dass direkt daneben ein Spielplatz ist und das Ganze so auch familienfreundlich war. Wir fingen an Essen anzubieten und ab und zu kleine Konzerte zu veranstalten. Das war ein rundes Paket und wir sind bis heute damit ganz erfolgreich.

Bei den Gästen stimmt die Mischung zwischen Jung und Alt, im Winter sind mehr ältere Stammgäste am Kamin, im Sommer mehr jüngere Besucher im Biergarten.

Demnächst wollen wir in den Biergarten investieren, die Essenspavillions neu gestalten. Der Biergarten bekommt ein neues Gesicht. Livemusik gibt es nicht regelmäßig, sondern eher spontan so vier bis fünf Events im Laufe des Jahres, weil eigentlich verstärkte Musik, wenn nicht gerade Wehlheider Kirmes ist und hier der Bär tanzt, zum Biergarten-Flair nicht so gut passt.

Ich habe immer den Anspruch, mit den Nachbarn gut auszukommen. Mein Ordnungsamt sind die Anwohner. Wenn man erst wartet, bis Beschwerden beim Ordnungsamt eingehen und das dann tätig wird – was soll das? Ich habe von Anfang an ein gutes Verhältnis zu den Nachbarn aufgebaut und sie wissen, wenn irgendwas ist, können sie mich anrufen, und ich kümmere mich sofort. Sie wissen, dass sie ernst genommen werden und nur so haben wir es hinbekommen, mit einer Außenanlage zu überleben. Außerdem sind meine Nachbarn auch meine Gäste. Das muss auch ein Anspruch sein, denn wenn es nicht so wäre, wären wir ein Fremdkörper im Viertel.

Gut gelaunt am Zapfhahn

Wehlheider Kirmes und der Biergarten voller guter Laune

Die Backstube, 1983

Wir haben uns von einer Studentenkneipe zum „Herzen Wehlheidens“ entwickelt. Es ist immer schade, wenn von einer Kneipe nichts übrig bleibt als nur der Wille, Geld zu verdienen und Bier zu verkaufen. Man muss ein Standing haben, dass man etwas erreichen will, und eine bestimmte Zwischenmenschlichkeit pflegen. Mit ist das immer wichtig: Es sollte Spaß machen und immer etwas vorhanden sein, was nützlich und wertvoll ist. Das verstehe ich unter dem Begriff Kneipe.“

Die Tür geht auf, ein älteres Ehepaar tritt ein und sagt: „Wir haben einen Tisch reserviert für 6 Personen um 17:30 Uhr.“ „Ja, das ist hier“, sagt Jochen, „setzt euch, wir sind gleich fertig.“ Als ich gehe, hat sich der Stammtisch, pünktlich um 17:30 Uhr, gefüllt.

Ich verabschiede mich von Jochen und er sagt: „Es wäre schön, wenn all diese alten ‚Haudegenwirte‘ mal eine Gemeinschaftsaktion auf die Beine stellen würden. Eine Wohltätigkeitsveranstaltung oder einfach ein schönes Fest – aber das bleibt wohl ein Traum!“

Ich freue mich auf jeden Fall jetzt schon auf die Biergarten-Saison in der Backstube!

Trichter / Graffiti – Studenten, Freigeister und Revoluzzer

Tischbeinstraße

Es ist 0:30 Uhr und Schichtende. Wohin um diese Zeit? Das war Ende der 1970er-Jahre nicht wirklich eine Frage, wenn mal als Student, latenter Freigeist und politisch motivierter Revoluzzer ein bisschen chillen wollte. Ab in die Tischbeinstraße, ab in den „Trichter“, in die abseits der Straße immer noch hell erleuchtete Baracke. Auch zu später Stunde war er noch gut gefüllt mit HBKlern und einigen „Normalos“ an den bunt lackierten Holzischen, künstlerisch aufgewertet durch vielerlei eingeritzte Werke. Man war ins Gespräch oder ins Buch vertieft und ließ ab und zu den Blick zu einem der drei Fernseher schweifen, die immer und auch immer ohne Ton liefen.

Wenn du keinen kennst, kein Problem! Dann stellt man sich einfach an den Tresen in die zweite Reihe, denn da war ja Philipp ..., der überaus talentierte Wirt. Er hielt den Laden zusammen, zapfte unermüdlich und schmierte Fetten- und Ale-Wurscht-Brote. Nebenbei quatschte er und spielte Lügenpasch – mit allen, egal ob in der ersten oder zweiten Reihe.

Da stehst du dann, trinkst was, isst einen Happen, lernst deinen Stehnachbarn kennen, spielst vielleicht eine Runde Lügenpasch mit, lachst und fühlst dich einfach wohl. Das war die höchste Kunst des Wirtes! Jeder der kam, war wirklich willkommen. Der „Trichter“ war eine sorgenfreie Idylle.

Danke Philipp, danke Trichter!

Inbegriff eines Wirtes: uns Philipp

Graffiti-Deko: vollgepackt mit Sprüchen und Postern

J.W.D. Janz Weit Draußen – Der Name ist Programm

Blücherstraße 17

„Janz Weit Draußen", am Rande der Kasseler Innenstadt, findet man das „JWD", eine gemütliche Kneipe im Altberliner Stil mit einem kleinen Biergarten im Schatten einer mächtigen Linde.

Einst „Blüchereck" und beliebt seit den 1920er-Jahren, hat das Gebäude aus dem Jahr 1870, wie nur wenige in der Unterneustadt, die Bombennacht von 1943 fast unbeschädigt überstanden.

2002 eröffnete Inhaberin Michaela Pecht das „JWD". Hier hat sich im Laufe der Jahre ein treues Stammpublikum aus allen Gesellschaftsschichten eingefunden. Die Atmosphäre ist persönlich und einladend – man kennt sich, tauscht Geschichten aus und genießt gemeinsam die Zeit.

Michaela Pecht erzählt: „Da war ein gern gesehener Stammgast. Als er plötzlich nicht mehr kam, erfuhren die Gäste, dass er krank war und anschließend eine Umschulung machen musste. Das Geld war knapp und so haben, wenn er kam, alle Gäste inkl. Personal, seine Rechnung übernommen und das ganze zwei Jahre lang, bis er wieder Fuß gefasst hatte."

Das Team: Sven, Wirtin Michaela und Falk

Als das JWD während der Pandemie, wie alle Gaststätten, ebenfalls schließen musste, bot Michaela Essen zum Abholen an und die Stammgäste bestellten rege. „Das hat uns das wirtschaftliche Überleben gerettet“, sagt Michaela stolz. „JWD“ - ein Ort, an dem Tradition, Gemeinschaft und Herzlichkeit Hand in Hand gehen.

Angeboten werden selbstkreierte Burger und Schnitzel in allen Variationen, Pizza, Salate, Vegetarisches und leckere Pfannengerichte, außerdem viele Bierspezialitäten.

Es gibt viel zu schauen!

Chilliger Biergarten im „Dörfchen“ Unterneustadt

Graf Karl – Abenteuerspielplatz im Kupferhammer

Leipziger Straße 407

Fährt man zum östlichen Ende der Stadt, die lange Leipziger Straße entlang bis kurz vor die Autobahnüberführung, steht als letztes Gebäude auf der linken Seite ein fensterloses Fachwerkgebäude, das an eine Scheune erinnert. Doch biegt man in die abschüssige Einfahrt ein, steht man vor dem alten „Kupferhammer". Von Landgraf Karl zwischen 1679 und 1685 erbaut, diente er der Kupferverarbeitung und im 19. Jahrhundert als Wollwäscherei für die Textilindustrie.

Wer in diesen Räumen aber ein Museum erwartet, wird enttäuscht sein, denn hier ist seit 2019 ein neuer „New Techno-Club", das „Graf Karl", zu Hause – einzigartig in der Mitte Deutschlands. Ein Gast schreibt in seinem Kommentar über den Club: „Ich wohne 180 km davon weg und trotzdem fahr ich regelmäßig ins ‚Graf Karl', weil es sich jedes Mal lohnt."

Schon der Außenbereich empfängt den Gast mit einem großen, massiven Portal aus Holz, Masken schauen von oben herab, und man

Das Gewölbe

Slaves to the Ryhtm

Am Selfie-Automat

betritt die Freifläche. Gegenüber befindet sich der Bühnenbereich, mit großen Rautenelementen überdacht. Niedrige Tische mit verschiedenen Sitzmöbeln bieten Platz für 500 Gäste. Theken und Grillhütte sind im Blockhausstil in das Portal integriert.

Betritt man den Innenraum durch das wuchtige Sandsteinfundament, gelangt man in ein großes Gewölbe, das sich über die ganze Länge des Gebäudes erstreckt. An einer Seite steht die lange Theke, auf der anderen Tische und Bänke. Dazwischen führen Durchgänge zu weiteren Gewölberäumen mit Treppen zu eingebauten Zwischenetagen zum Chillen. Man braucht schon etwas Zeit, um alles zu erkunden.

„Das Ganze ist ein ‚Abenteuerland'", sagt Willi Bautzmann, der das Graf Karl mit Tim Marth betreibt. „15 Jahre lang hieß der Laden ‚Panoptikum', war aber die letzten Jahre eine reine Mietlocation für Partys. Ich wurde durch einen Freund darauf aufmerksam und konnte mir nicht vorstellen, einen Club zu betreiben. Ich war 2015 viel in China, hab auch für VW Veranstaltungen gemacht, hatte mein eigenes Musiklabel ‚New Techno', einen Anlagenverleih und war viel beschäftigt. Dann kam Corona und die Chinesen wollten keine Ausländer mehr im Land haben. Da hat keiner mehr Licht und Tontechnik gemietet, keiner hat mehr einen DJ gebraucht. So war die Möglichkeit, einen Club zu übernehmen, dann doch eine Option.

Alles dreht sich

Where are you? I'm here.

Der Besitzer hatte wohl schon Nachfolger, aber die sind dann abgesprungen. Da er schon einiges in den Umbau investiert hatte, war an eine völlige Aufgabe nicht zu denken und ich stieg ein. Aber meine Prämisse war, den Laden auf den Kopf zu stellen: neues Konzept, neuer Name und neue Tontechnik. Allein der Name war schon ein großes Thema. Das ‚Panoptikum' war zwar seit vielen Jahren bekannt, aber sein Ruf nicht sonderlich gut – schäbiger Laden, Drogenhöhle usw. Ich wollte nicht mit so einem schlechten Beigeschmack ein neues Projekt beginnen. So musste ein neuer Name gefunden werden, der Bezug auf die Geschichte des Gebäudes nehmen sollte. ‚Kupferhammer' war aber durch jüngere rechtslastige Geschichten belastet. ‚Landgraf Karl'? Da gibt es natürlich in Kassel von Apotheken bis Bäckereien schon Namensvetter, und es klingt auch nicht so nach Club.

Dann haben wir einfach das ‚Land-' weggelassen, und der Name war gefunden – klingt nett und ansprechend. Zudem haben wir zwei in der Szene bekannte ‚Techno-Comic-Zeichner', Bringmann & Kopetzki, an unserer Seite, die unsere Seiten, Programme und Karten gestalten. Da taucht auch schon mal Landgraf Karl mit fünf Augen, flankiert von zwei betrunkenen Löwen, auf. Da treffen sich Geschichte und Gegenwart.

2019 haben wir dann mit dem großen Umbau angefangen, um im November 2021 auf Biegen und Brechen mit Einschränkungen zu eröffnen. Dann kam die Corona-Winterwelle, und wir mussten wieder schließen. Am 1. März 2022 fand die Wiedereröffnung statt.

Mein Partner Tim und ich kommen beide aus der elektronischen Musik, da kennen wir uns aus und wissen, was angesagt ist. Heute gehen die Gagen für DJs bis zu 10 000 Euro pro Gig und da musst du wissen, ob die Leute das auch wert sind. Es gehen hier zu solchen Veranstaltungen bis zu 600 Personen rein und die sind auch bereit, für ein Ticket 30 bis 40 Euro zu bezahlen. Wie letztens bei DJ Kobosil aus Berlin, der sogar ein eigenes Mode-Label ‚44' hat. Da zahlen die Leute 300 bis 400 Euro für ein T-Shirt mit einer ‚44' drauf. Der Typ ist gerade unglaublich gehypt.

Wir hatten es auch schon mit Livekonzerten, akustisch oder Rock versucht, aber die Resonanz war nicht so gut. So konzentrieren wir uns auf ‚New-Techno', da sind wir zu Hause.

Wir haben an die 50 Mitarbeiter für Organisation, Buchhaltung, Events, Tür und Service. Das ist auch nötig, da wir oft zwölf Stunden geöffnet haben und dann zwei Service-Schichten fahren. Wie gesagt, wir haben mit unserer Richtung schon einen Alleinstellungsstatus. Wie wir erfahren haben, wird das ‚Graf Karl' auch in Berlin und Erfurt empfohlen, was uns schon stolz macht. Wir sind im Vergleich zu anderen Clubs ja eher klein, aber hier steckt jede Menge Herz drin! Wenn das dann alles nachts noch beleuchtet ist, dann wird unser Club zum Abenteuerspielplatz!"

Lightning over Heads

Cool and cool

Weitere Bücher über Ihre Stadt

Paavo Blåfield/Thomas Siemon
documenta-Stadt Kassel
Farbbildband
deutsch/english/français
72 S., Hardcover, Farbfotos
ISBN 978-3-8313-3282-3

Andrea Gunkler
Dunkle Geschichten aus Kassel
schön & schaurig
80 S., Hardcover, S/w-Bilder
ISBN 978-3-8313-3301-1

Frank-Roland Klaube
Alt-Kassel – Bilder, die Geschichte erzählen
72 S., Hardcover, S/w-Bilder
ISBN 978-3-8313-2265-7

Binja Rassner
Kassel – Ein Stadtbild im Wandel
72 S., Hardcover, S/w-Bilder
ISBN 978-3-8313-3382-0

Wartberg-Verlag GmbH
Im Wiesental 1 | 34281 Gudensberg
www.wartberg-verlag.de

Bücher für Deutschlands Städte und Regionen
Tel. 0 56 03-93 05 0
Fax 0 56 03-93 05 28